외교관을 꿈꾸는 이들을 위한
스토리 가이드북

세계를 품은
외교관

외교관을 꿈꾸는 이들을 위한 스토리 가이드북
세계를 품은 외교관(큰글자도서)

초판인쇄 2023년 1월 31일
초판발행 2023년 1월 31일

지은이 민동석
발행인 채종준
발행처 한국학술정보(주)

주소 경기도 파주시 회동길 230(문발동)
문의 ksibook13@kstudy.com
출판신고 2003년 9월 25일 제406-2003-000012호

ISBN 979-11-6983-063-8 03040

외교관을 꿈꾸는 이들을 위한
스토리 가이드북

세계를 품은
외교관

민
동
석

지
음

이담
Books

당신의 ♥
꿈은 무엇인가요?

꿈을 싣고..

dream

꿈을 위해

힘하고 힘들어도
내 꿈은 No. 1

내 꿈을
꺾지마!

내 꿈은
직진 중~

오늘도
꿈을 향해
달리다

쑥쑥
dream
자라라~

높이 날아봐

Hi

안녕~
내 꿈아...

꿈을 응원해

높이
비상 중~

한승주

아산정책연구원 이사장, 전 외무부 장관·주미대사

2005년 여름, 수천 명의 우리 교포가 살고 있는 미국 뉴올리언스에 엄청난 재난이 닥쳤습니다. '사상 최악의 허리케인'이라 불리는 카트리나가 도시를 강타한 것입니다. 제방이 무너져 거리는 물에 잠기고, 전기와 통신이 끊기면서 약탈과 폭력이 난무하는 무법천지로 변하고 말았습니다. 미국 정부가 강제대피령을 내려 다른 나라 어느 외교관도 뉴올리언스로 들어갈 엄두를 내지 못했습니다. 하지만 그때, 대한민국의 한 외교관만은 주위에서 깜짝 놀랄 만한 선택을 했습니다. 긴급 구호팀을 이끌고 암흑 세상이 되어버린 도시 안으로 뛰어든 것입니다. 수몰의 공포 속에서 구조의 손길을 간절히 기다리고 있을 단 한 명의 교민이라도 더 구하기 위해서였습니다. 그 외교관이 바로 당시 휴스턴 총영사를 맡고 있던 민동석 대사입니다. 결과는 기적으로 이어졌습니다. 수천 명의 인명피해를 낳은 카트리나 사태 때 우리 교민은 단 한 명의 사상자도 발생하지 않았습니다. 그 해 초까지 주미대사를 지냈던 나 역시 깊이 감명을 받았던 기억이 아직도 생생합니다.

외교관이란 직업은 단순히 머리로만 이해할 수 있는 직업이 아닙니다. 소신과 헌신, 용기와 결단 같은 덕목이 외교관을 완성시킨다고 생각합니다. 그런 점에서 '외교관의 모범'이라 할 만한 민 대사가 우리 젊은 세대를 위해 작심하고 책을 썼습니다. 외교관 진출을 꿈꾸는 젊은이들을 위한 실전 가이드북이 그것입니다. 외교관으로서 그가 특별했던 만큼, 이 책에는 외교관이 되기 위한 지식 그 이상의, 성공을 위한 지혜와 통찰이 녹아 있습니다. 이 책은 미래세대를 끔찍이 아끼는 민 대사가 우리 젊은이들에게 보내는 외교관으로의 초대장이기도 합니다. 부디 많은 젊은이들이 그의 간절한 초대에 응해 더 나은 대한민국, 더 밝은 지구촌을 만들어가는 미래의 주인공이 되었으면 하는 바람입니다.

한비야

월드비전 세계시민학교 교장

"저분은 목을 내놓고 일하는구나."

10여 년 전, 국무총리 주재 회의에서 처음 민동석 차관님을 보았다. 그의 첫인상은 '용감무쌍한 검투사'였다. 그때 나는 NGO 대표로 참석했는데 매우 민감한 안건에 대해 거침없는 소신 발언에 이어 현실적인 해결책을 제시하는 모습이 무척 인상적이었다.

그 후, 유네스코한국위원회 사무총장으로 만났을 때는 도움이 필요한 사람에게는 '따뜻한 휴머니스트'이자 국제무대 진출을 꿈꾸는 젊은이들의 '다정한 멘토'가 되어있었다. 그의 그런 변신이 신선하고 반가웠다. 국제구호 현장에서 보면 전 세계가 K팝이나 한류에 열광하는 것과는 대조적으로 대한민국의 위상이나 역량에 비해 국제무대에서 일하는 한국인이 놀랄 만큼 적다. 그 원인이 개인의 역량 부족이라기보다는 어떻게 준비해야 할지 모르는 정보 부족이라는 점이 늘 안타까웠다.

다행히 이제 우리에게도 국제무대 진출을 위한 종합 안내서가 생겼다. 외교관으로 또한 국제기구에서 산전수전 공중전에 시가전까지 거친 분이 애정을 담아 꾹꾹 눌러 쓴 책. 원고를 읽는 내내 고마운 마음과 "나 10~20대에 이런 책이 있었다면 얼마나 좋았을까?" 하는 부러운 마음이 동시에 들었다.

앞으로 나에게 국제무대로의 길을 묻는 젊은 친구들에게 이 책을 선물할 생각이다. 더불어 외교관이나 국제공무원을 꿈꾸는 이들은 물론 대한민국 국민이자 세계시민의 역할을 보란 듯이 하고 싶은 한국의 모든 젊은이들에게도 자신 있게 이 책을 권한다.

지금 그 꿈 꼭 이루시길!

**"또 다른 서희의
출현을 고대하여…"**

외교부 국립외교원 앞뜰에는 한 역사적 인물의 동상이 세워져 있다. "우리 역사상 가장 유능했던 외교관 중 한 명"으로 꼽히는 고려 시대 서희 선생의 동상이다. 외교관을 양성하는 기관인 국립외교원에 서희 장군의 동상이 서 있는 이유는 무엇일까? 고려 초 거란의 대군이 '무조건 항복'을 요구하며 침공해 왔을 때, 장군은 외교 담판을 통해 거란군의 철군과 강동 6주를 고려의 영토로 편입시키는 데 지대한 공헌을 했다. 빈틈없는 논리와 적진 속에서도 굴하지 않는 배포, 그리고 송과 요 등 당대의 국제 정세를 읽어내는 혜안이 빚어낸 놀라운 외교 성과였다. 서희 선생의 경우를 보면, 한 명의 유능한 외교관이 한 나라의 국운을 좌우한다고 해도 결코 과언이 아닐 것이다.

지정학적으로 강대국에 둘러싸여 있는 우리나라. 거대한 도전에 직면해 있는 지금의 대한민국 역시 또 다른 서희 선생의 출현이 절실히 요구되는 상황이다. 북핵 문제와 그 해법을 놓고 열강의 각축전이 한반도를 무대로 벌어지고, 우리나라를 둘러싼 외교안보 환경은 갈수록 실타래처럼 복잡하게 얽혀있다. 세계경제시장도 빨간불이 켜진 건 마찬가지다. 급속히 저출산·고령화 시대에 접어든 대한민국은 성장 동력이 차츰 둔화되고 있고, '메이드 인 코리아'의 입지는 점차 좁아지고 있다. 특별한 자원 없이 무역으로 먹고사는 우리나라에 무역장벽을 낮추고 자유무역협정(FTA)을 통해 경제영토를 넓히는 일은 선택의 문제가 아니라 생존의 문제다.

글로벌 시대에 한 국가의 생존과 번영을 위해서 외교는 선택이 아니라 필수 조건이다.

그만큼 유능한 외교 인재가 절실히 필요하다. 어떠한 자질과 능력을 갖춘 인재들이 어떻게 외교를 이끌어 가느냐에 대한민국의 미래가 달려 있다고 해도 과언이 아니다. 다행히 외교관을 꿈꾸는 학생과 젊은이가 크게 늘고 있다. 얼마 전까지 유네스코한국위원회 사무총장으로 일하면서 외교관이 되려는 학생들의 꿈과 열망을 많이 보았다.

강연에 나설 때마다 학생들로부터 많은 질문을 받는다. "외교관이 하는 일은 무엇인가요?" "외교관이 되려면 무엇을 준비해야 하나요?" 인터넷에는 이런 글도 있다. "선생님과 부모님은 저에게 항상 정직하라고 말씀하시고 저도 정직하려고 노력하고 있어요. 직업외교관이 꿈인데 직업외교관도 정직해야 하나요?"

내가 책을 쓰게 된 이유는 바로 이러한 궁금증을 풀어주고 이들의 꿈을 북돋우기 위해서다. 서점에 외교관의 회고록은 많이 보이지만, 아쉽게도 외교관을 꿈꾸는 학생과 젊

은이에게 실질적으로 도움이 되고 길잡이 역할을 해 줄 만한 책은 찾아보기 어렵다. 이 책은 회고록이나 자서전이 아니다. 외교관에 필요한 요건과 시험을 보는 데 반드시 알아야 할 사항을 담은 '실전 지침서'이자 '꿈 계발서'이다. 외교관의 꿈을 실현하려면, 어떤 덕목과 자질을 키우고 무엇을 준비해야 하는지, 필기시험과 면접시험은 각각 어떻게 대비해야 하는지를 자세히 담았다.

아울러 외교관의 세계에 대한 이해를 돕고 꿈을 구체적으로 그려볼 수 있도록 외교부 본부와 재외공관에서 실제 벌어지는 일, 외교관으로서 겪을 수 있는 어려움과 성취감, 그 생생한 현장 이야기도 전달하고자 했다. 또한 외교관을 꿈꾸는 여성들을 위해서 가정과 직장 생활을 병행하며 외교관으로 성공할 수 있는 지혜를 실제 사례를 통해 담아냈다. 외교관이 되려면 어떤 전공을 택해야 하고 어떤 자질과 덕목을 길러야 하는지 등 자주 받는 질문에 대한 대답도 수록했다. 외교관에게 필수적인 외국어를 잘하려면 어떻게 해야 하는지에 대해서도 조언했다.

외교관이 얻는 성취감과 보람은 특별하다. 부디 이 책이 우리 미래세대가 외교관의 세계를 올바로 이해하고 꿈에 다가가는, 작지만 소중한 징검다리가 되었으면 하는 바람이다. 평생 외교관으로서 쌓은 경험과 노하우를 글 속에 녹이기 위해 밤낮없이 애쓴 이유이기도 하다. 미래의 대한민국 국립외교원에 지금 이 책을 읽고 있는 꿈나무들의 이름과 사진이 영예롭게 내걸렸으면 한다.

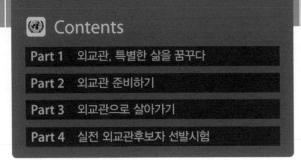

Contents

Part
1

외교관, 특별한 삶을 꿈꾸다

Part
2

외교관 준비하기

외교관이 답해줄게!

Q & A

들여다보기

외교관은
어떤 일을 하나요?

외교관이 되면
얼마나 돈을 벌 수 있나요?

대사 파견 시
거쳐야 할 절차가 있나요?

신입 외교관이
처음 맡는 업무는 무엇인가요?

외국어를
얼마나 잘해야 하나요?

내가 원하는 나라에서
일할 수 있나요?

스트레스는
어떻게 푸나요?

헌법 공부는
어떻게 하나요?

전공평가시험은
어떻게 준비해야 하나요?

DIPLOMAT

1

외교관,   특별한 삶을 꿈꾸다

어서 와요,
외교관은 처음이죠?

외교관이라고 하면 어떤 이미지가 떠오르는가? 대부분은 뛰어난 외국어를 구사하며 자국의 입장을 대변하는 멋쟁이라고 생각할 것이다. 실제로 많은 젊은이들이 외교관이라는 직업의 화려한 모습만 들여다보고 외교관의 꿈을 키운다. 하지만 외교 현장에서 수행하는 업무는 때로 힘겹고 고독한 작업이라 겉보기와는 달리 말로 표현하기 힘든 고충도 뒤따른다.

나 역시 외교관으로 33년간 일하면서 힘든 상황을 수없이 겪었다. 내전 중인 우간다로 긴급 파견되어 한 달 동안 매일매일 목숨이 위험한 상황에서도 공관 폐쇄와 외교관계 단절을 막으라는 임무를 완수했다. 외교관이 되기를 꿈꾸는 많은 학생들에게 꼭 부탁하고 싶은 점이 있다. 외교관이 되는 것 자체를 목적으로 삼지 말고, 외교관으로서 어떤 삶을 살아갈 것인지에 대해서 고민해 보라고 전하고 싶다. 자신만의 방향성을 정해 놓고 이를 나침반으로 삼아 차근차근 한 계단씩 올라서야 성공하는 외교관으로 성장할 수 있다.

나는 고등학교 시절, 공직자의 길을 걷기로 다짐했다. 당시 동아리 활동에서 도산 안창호 선생과 만난 것이 계기가 됐다. 자아혁신과 주인의식을 강조한 도산의 삶과 철학을 통해 나는 국가관에 대해 눈을 떴다. 국가는 나에게 무엇인지, 내게 주어진 시간을 개인의 이득을 위해 사용할 것인지, 아니면 더 가치 있는 일을 위해 도전할 것인지 깊이 생각하게 됐다. 동아리 친구들과 앞으로 어떤 삶을 살 것인가를 두고 밤새워 토론하기도 했다. 그때 내가 생각한 '인생 직업'은 다름 아닌 외교관이었다.

대학 진학 후 외무고시를 준비했으나 번번이 탈락했다. 생활이 어려워 중소기업에 취업해야 했는데, 텔렉스 부품을 수입하여 완제품으로 조립해 납품하는 업체였다. 몇 달간 일하던 중 문득 30년 후 내 모습을 상상해 보았다. 멀리서 보이는 임원들과 나의 미래 모습이 겹쳐지는 듯했다. 한 번뿐인 내 인생에서 앞으로 무엇을 위해 어떻게 살 것인가 하는 데에 생각이 미치자 정신이 번쩍 들었고, 바로 사표를 제출했다. 삶의 방향을 바꾼 중요한 결단의 순간이었다. 이후 다시 시험을 준비해 도전했고, 마침내 이듬해 외교관으로 입문할 수 있었다.

이 책을 읽는 여러분들은 나라에 대한 애국심과 사명감이 있는가? 아니면 운명적인 이끌림이라도 좋으니 그 꿈속에 가슴을 뜨겁게 하는 열정이 있다면 주저 없이 외교관에 도전하라고 권하고 싶다. 단 한 번뿐인 인생에서 국가와 국민을 위해 봉사하고 나라의 운명까지도 바꿀 수 있는 특별한 직업이라면 온몸으로 똑똑! 문을 두드려 볼 만하지 않을까?

Q&A

외교관은
어떤 일을 하나요?

국가 간의 외교관계 및 외교 행위는 가이드라인 없이 임의로 수행하지 않는다. 국제적으로 공인된 규칙에 따라 외교 행위가 이뤄진다. 그 국제 규칙을 '외교관계에 관한 비엔나협약(Vienna Convention on Diplomatic Relations)'이라고 한다.

비엔나협약은 한마디로 '외교 활동의 바이블'이라 할 수 있다. 이 협약에는 외교 사절의 파견부터 외교 사절의 직무, 특권 등에 이르기까지 주요 외교 활동에 대한 자세한 규정이 조항별로 담겨 있다. 그렇다면 외교관이란 과연 어떤 일을 하는 사람일까? 비엔나협약에서 규정한 외교관(외교공관)의 직무는 다음과 같다.

- 주재국에서 파견국을 대표한다.
- 주재국에서 파견국과 파견국 국민의 이익을 보호한다.
- 주재국 정부와 교섭한다.
- 적법한 수단에 의해 주재국에 관한 각종 정보를 조사해 본국에 보고한다.
- 주재국과 파견국 간 우호관계를 증진한다.
- 양국 간 경제, 문화 및 과학 분야 교류를 발전시킨다.

즉, 외교관이란 대한민국을 대표해 국가 간의 관계에서 우리 영토 주권을 지키고 국민을 보호하며, 국가의 이익을 위해 일하는 국가공무원이라고 할 수 있다. 우리나라도 외무공무원법에서 외교관의 직무에 관해 '대외적으로 국가의 이익을 보호·신장하고, 외국과의 우호·경제·문화 관계를 증진하며, 재외국민을 보호·육성하는 것을 그 임무로 한다'고 규정하고 있다. 이제 외교관이 어떤 일을 하는지 크게 4가지로 나누어 살펴보자.

① 외교관은 영토 주권 지킴이

외교관의 첫 번째 책무는 국가 간의 관계에서 우리 영토 주권을 지키는 것이다. 일본의 독도 영유권 침해, 배타적 경제수역(EEZ) 문제로 인한 이어도를 둘러싼 중국과의 갈등 등이 주요 현안으로 꼽힌다. 이어도의 경우 사람이 살 수 없는 수중 암초라 영유권 문제가 아니라 해양 관할권 문제라고 볼 수 있다. 영토 주권과 관련해 가장 뜨거운 문제이지만 다른 한편으로 가장 차갑게 대응해야 할 현안을 꼽는다면 바로 독도를 지키는 일이다.

국가의 책무 중 영토를 지키는 것은 매우 중요하다. 우리는 일본에 나라를 빼앗긴 뼈아픈 역사를 갖고 있다. 그 일본이 또다시 끈질기게 대한민국의 영토인 독도를 넘보고 있다. 일본 사회가 전반적으로 우경화(우익적인 사상으로 기울어지는 현상)하면서 독도에 대한 일본의 도발은 현재진행형이다. 일본 의원들이 울릉도에 들어가려고 시도하는 등 수법도 참 교묘해졌다. 일본의 의도에 말려들지 않으면서 그들의 야욕을 단호하게 물리치는 것이 우리 외교가 해결해야 할 과제이다.

② 외교관은 재외국민 지킴이

외국에서 거주 또는 체류 중인 우리 국민은 260만 명이 넘고, 720만 재외동포까지 합하면 약 1,000만 명에 이른다. 테러는 물론, 각종 사건 사고와 재난으로부터 국민들을 안전하게 지키고 보호하는 일이야말로 외교관이 수행해야 하는 가장 중요한 임무 중 하나다. 이러한 이유로 외교부에서는 자연재해, 치안 정세, 테러 위협 등 각 나라의 현지 사정에 따라 단계별 여행 경보를 제공하는 해외안전여행 사이트(www.0404.go.kr/dev/main.mofa)를 운영하고 있다. 헌법 제2조 제2항을 보면 '국가는 법률이 정하는 바에 의해 재외국민을 보호할 의무를 진다'고 규정하고 있다. 지구촌 어느 곳에서 언제 무슨 일이 일어날지 아무도 모른다. 한시라도 방심할 수 없기에 외교관은 늘 주변의 변화에 깨어 있어야 하는 존재다.

리비아 정변이 일어났던 해의 3월 어느 날, 나는 외교부를 대표해서 서울 세종로 외교부 청사에서 기업체로부터 감사패를 받았다. 리비아 정세가 악화된 그해 2월 말 외교부가 이집트항공을 설득해 해당 기업의 직원들이 카이로로 철수할 수 있도록 전세기를 마련해 준 데 대해 감사의 인사를 전하는 자리였다. 나는 답례의 말을 하다 아무 말을 이을 수가 없었다. 그 순간에도 지구촌 어딘가에서 새우잠을 자며 국가와 국민을 위해 헌신하고 있을 동료 외교관들의 모습이 떠올라 목이 메었기 때문이었다. 언론은 〈외교부 고충 대변한 민동석 차관의 '20초의 침묵'〉이라는 기사를 썼다.

외교부와 재외공관에 국민들이 기대하는 바가 크다. 그러나 실제로 재외공관이 부족한 예산과 인력으로 인해 현지의 우리 국민을 안전하게 지키는 일이 참 어렵고 힘들 때가 많다. 온갖 악조건 속에서 위험을 무릅쓰고 헌신해도 사태가 무사히 넘어간다면 이를 당연하게 받아들이고, 조금이라도 잘못되면 혹독하게 비판을 받는다. 다른 이들로부터 노고를 인정받지 못할지라도 지구촌 어디에서든 우리 국민을 지킨다는 긍지와 자부심이야말로 외교관만이 마음에 달 수 있는 빛나는 훈장이라고 생각한다.

③ 외교관은 협상가

실제로 주재국 정부와의 교섭은 외교관이 수행하는 가장 중요한 업무 중의 하나이다. 외교관은 양국 관계를 강화하기 위한 일뿐만 아니라 국가 간의 여러 현안을 해결하기 위해 끊임없이 교섭을 한다. 이러한 현안은 우리 정책에 대한 지지 등을 다루는 정무 분야는 물론, 경제통상, 영사, 문화 등 거의 모든 분야를 포함한다. 흔히 우리나라에서는 보통 일방적으로 우리에게 유리한 협상 결과가 나와야 '잘된 협상'이라고 여기는 경향이 있는데, 정상적인 교섭 현장에서 그런 일은 절대 일어나지 않는다.

가령 우리가 다른 나라에서 물건을 팔려면 다른 나라의 물건도 우리 시장에 들어올 수 있도록 해 줘야 하는 게 세상의 이치다. 외교 전문가들은 서로 양보할 것은 양보하고 하나씩 주고받으면서 '51대 49' 정도의 결과만 끌어내도 성공적인 협상이라고 평가한다. 문제는 무엇을 주고, 무엇을 받을 것인가이다. 우리나라가 내주고 싶은 것만 내줄 수 있는 여건이 아니기 때문이다. 따라서 외교관은 협상가로서 좋은 활약을 펼칠 수 있도록 세상을 보는 눈을 길러야 한다.

④ 외교관은 공공외교 전문가

외교의 영역이 과거에는 정치, 경제, 군사 분야로 한정되어 있었다면, 이제는 예술, 문화를 포함한 국민 생활 전반의 영역으로 점차 확대되고 있다. 이에 따라 정부 간에 소통과 협상으로 이뤄지는 전통적인 의미의 외교와는 대비되는 개념인 '공공외교'가 외교 활동의 중요한 한 축으로 자리 잡고 있다. 공공외교란 외국 국민, 외국 대중과의 직접적인 소통을 통해 우리나라의 역사와 전통, 예술과 문화, 비전과 가치관 등에 대한 공감대를 넓히고 신뢰를 얻음으로써 국제사회에서 우리의 국가 이미지와 영향력을 높이는 외교 활동을 말한다. 한마디로 공공외교란 다양한 소통을 통해 외국 대중들의 마음을 사로잡아 우리나라의 매력을 널리 알리는 일이라고 할 수 있다.

공공외교에는 K-드라마, K-POP, 한식 등을 활용한 문화 교류, 기여 및 봉사 활동, 예술 공연 및 전시 개최 등 다양한 소통 방법이 활용된다. 정부뿐만 아니라 시민단체, 더 나아가 모든 국민이 공공외교의 주체가 될 수 있다. 가령, 당신이 지하철에서 길을 몰라 헤매는 외국인들에게 다가가 친절하고 정확하게 길을 안내해 준다면, 한국과 한국인에 대해 좋은 인상을 심어주는 일종의 공공외교 활동을 했다고 볼 수 있을 것이다.

주재국과의 우호관계를 증진하는 일은 재외공관의 가장 기본적인 업무라고 할 수 있다. 그런 점에서 공공외교에 대해 이해하고, 이를 다양한 방법으로 실행하는 일은 외교관의 중요한 직무 중 하나라고 볼 수 있을 것이다. '기브 앤 테이크'식의 받은 만큼 되돌려준다는 원리가 외교라는 동전의 앞면이라면, 소통과 공감을 토대로 삼는 공공외교는 동전의 또 다른 한 면인 셈이다.

Q&A

외교관에 대한 정보는
어디서 얻나요?

외교관을 비롯해 국가공무원을 꿈꾸고 있다면 사이버국가고시센터(www.gosi.kr)에서 관련 정보를 얻을 수 있다. 인사혁신처가 운영하는 사이버국가고시센터(이하 고시센터)에는 외교관후보자 선발시험을 비롯해 모든 국가고시에 대한 수험 정보가 취합되어 있다. 외교관후보자 선발시험의 경우 시험공고부터 시험 일정 안내, 제1차 시험 및 제 2차 시험 기출문제 등의 정보를 고시센터에서 확인할 수 있다. 외교관후보자 선발시험 일정은 인사혁신처가 매년 12월에 공고하며 이듬해 1월 초에 전자관보 및 고시센터를 통해 상세하게 안내해 준다.

응시자는 회원 가입 후 고시센터를 통해 원서를 접수하고 한국사, 영어, 외국어 등의 과목은 외부 능력 검정기관으로부터 받은 성적을 등록해야 한다. 회원이 되면 고시센터의 '마이페이지'에서 원서 접수 내역 확인, 합격/성적 조회, 외국어/영어 성적 사전 등록, 응시표 출력 등을 이용할 수 있다. 단, 14세 미만은 회원으로 가입할 수 없다는 점에 유의하자.

외교부 및 국제기구 관련 사이트

- 외교부 www.mofa.go.kr
- 국립외교원 www.knda.go.kr
- 유엔(UN, The United Nations) www.un.org
- 국제사법재판소 (ICJ, International Court of Justice) www.icj-cij.org
- 외교부 국제기구인사센터 unrecruit.mofa.go.kr

Q&A

전공이나 학과는
어디가 좋을까요?

외교관과 관련된 학과는 정치학과, 경제학과, 정치외교학과, 국제학과, 국제문화정보학과, 법학과, 행정학과 등이 있다. 특히 외교관은 뛰어난 외국어 구사 능력이 필요하므로 각 나라의 언어와 관련된 전공이라면 도움이 된다. 외교관이 되기 위해서 외국어 고등학교에 진학할 필요는 없다. 외교관의 대부분은 국내에서 공부하여 외교관후보자 선발시험에 합격한 사람들이며, 전공도 다양하다. 요즘 떠오르는 이색학과 중 한국복지사이버대학교의 독도학과가 있다. 국내에서 유일한 학과로 독도 전문가 및 지도자 양성을 목표로 한다. 이뿐만 아니라 민간 외교관으로서의 자질을 갖출 수 있도록 양성한다고 하니 평소 독도 영토 주권을 수호하는 활동에 관심이 있다면 진로 결정 시 참고하면 좋겠다.

외교관후보자 선발시험은 일반외교, 지역외교, 외교전문 세 분야로 구분하여 실시한다. 일반외교는 일반적인 외교업무를 담당할 인력을 선발하는 분야로서 전체 채용 예정 인원의 80%가량을 차지한다. 지역외교와 외교전문은 새로운 선발제도를 도입하면서 전문인력을 채용하고자 추가한 분야다. 지역외교 분야에서는 중동, 아프리카, 중남미, 러시아·CIS, 아시아 등 지역 전문성을 갖춘 외교인력을 선발한다. 또한 외교전문 분야에서는 경제외교와 다자외교 분야의 전문인력을 뽑는다. 분야별 채용비율은 외

Q&A

교인력 수요에 따라 매년 달라진다.

선발시험에서 지역외교와 외교전문 분야는 제2차 시험이 서류전형으로 대체되는 등 사실상 경력공채에 가깝다. 일반외교 분야는 학력, 경력 등의 제한이 없지만 지역외교와 외교전문 분야는 특정 경력이나 요건을 갖춰야 응시할 수 있다(지역외교-외교전문 분야 응시 요건 참고). 단, 지역외교 분야는 경력이 없어도 외국어능력검정시험에서 기준 점수 이상을 얻으면 응시 자격을 갖는다.

지역외교-외교전문 분야 응시 요건(2018년도)

지역외교와 외교전문 분야에 응시하려면 다음 경력 중 하나 이상을 갖추어야 한다.

● 관련 분야에서 7년 이상 연구·근무한 경력

● 관련 분야에서 관리자로 2년 이상 연구·근무한 경력

● 관련 분야 박사학위 소지

● 관련 분야 석사학위 소지 후 2년 이상 연구·근무한 경력

● 5급 상당 이상의 공무원으로서 관련 분야에서 2년 이상 근무한 경력

여기서 관련 분야와 관련 학위는 다음의 표 내용과 같다.

응시 분야		관련 분야	관련 학위
지역 외교	중동, 아프리카, 중남미, 러시아·CIS, 아시아	해당 지역과의 외교· 통상·국제협력 분야	지역, 국제관계, 해당 언어· 지역관련 학과, 통·번역 등
외교 전문	경제외교	국제경제, 국제정치경제, 국제통상, 국제무역, 국제금융, 에너지·자원 및 환경(지속가능발전·녹색성장·기후변화) 등 관련 국제협력 분야	경제, 국제경제, 국제정치경제, 금융, 국제금융, 경영, 국제경영, 국제법(국제통상법 또는 국제환경법 포함), 에너지·자원정책, 자원개발, 환경정책, 환경경제, 환경공학, 환경학, 환경경영, 지속가능발전·녹색성장·기후변화 등
	다자외교	군축, 다자·동북아 안보, 인권, 한반도 평화, UN 및 전문기구, 국제법, 공적개발원조, 대외무상원조, 인도적 지원, 기타 안보·인권·개발 등 관련 국제협력 분야	국제정치, 국제관계, 비교정치, 군축, 평화, 국제분쟁해결, 국제안보, 인간안보, 사이버안보, 인권, 공공정책, 국제법, 개발, 개발경제, 경제* 등 *연구 분야 또는 논문주제가 개발과 관련된 경우

Q&A

나이와
학력 제한이 있나요?

외교관이 되는 1차 과정은 외교관후보자 선발시험에 합격하는 것이다. 외교관후보자 선발시험 일반외교 분야는 20세 이상(2020년 선발시험의 경우 2000년 12월 31일 이전 출생자)으로 '공무원 응시 결격사유'가 없는 대한민국 국민이면 누구나 응시할 수 있다. 또한 학력이나 경력은 따로 제한이 없다. 다만 외교관의 정년이 60세이므로, 응시 연령이 높으면 높을수록 합격하더라도 외교관으로 일할 수 있는 기간은 짧아진다. 오래 일하고 싶다면 자격조건에 맞춰 미리 준비하는 것이 좋다. 앞서 지역외교와 외교전문 분야는 특정 경력이나 요건을 갖춰야 응시할 수 있으니 유의하자.

참고로 최근 2년간(2018, 2019년)의 선발시험에서 최종 합격자 중 35세 이상은 2018년 1명(외교전문), 2019년 0명에 그쳤다. 2019년 합격자 평균연령은 27.4세(2018년은 26.6세)였다. 인사혁신처에서 발표한 연령별 합격자 현황을 살펴보면 다음과 같다.

구분	2019년도				2018년도			
	계	일반외교	지역외교	외교전문	계	일반외교	지역외교	외교전문
합계	41	33	6	2	45	37	6	2
20~24세	5(12.2%)	5	−	−	14(31.1%)	13	1	−
25~29세	28(68.3%)	25	3	−	24(53.4%)	19	4	1
30~34세	8(19.5%)	3	3	2	6(13.3%)	5	1	−
35세 이상	0(0.0%)	−	−	−	1(2.2%)	−	−	1

출처: 인사혁신처

'21세기 슈퍼맨'
외교관

불가능한 임무를 수행해 내는 첩보원의 세계를 다룬 영화 〈미션 임파서블〉과 상상 불가의 초능력으로 인류를 구해 내는 외계 행성 출신 영웅의 스토리를 담은 영화 〈슈퍼맨〉. 영화처럼 기발하고 화려하진 않지만, 때론 정말 수행하기 어려운 임무를 마치 초능력과 같은 열정으로 해내야 하는 사람이 바로 외교관이다. 그래서일까? 나는 외교관이라는 단어가 생각날 때마다 〈미션 임파서블〉과 〈슈퍼맨〉의 주인공이 떠오른다. 요즘처럼 세계 각국이 이해관계에 따라 날카롭게 맞서는 상황에서 외교관은 총성 없는 전장에서 총칼 없이 싸우는 군인과 다를 바 없다. 혹자는 그래서 외교관을 '올리브 잎을 든 전사'라고 부르기도 한다. 특히 우리나라의 경우, 외교관의 임무는 더욱 특별하다.

지리적으로 강대국에 둘러싸인 대한민국의 숙명이랄까, 한반도를 둘러싼 외교 안보 환경은 카멜레온의 피부색처럼 시시각각 변하고 있다. 북한 핵과 미사일 기상도에 따라 한반도의 정세는 요동치고, 아시아를 둘러싼 미국과 중국의 패권(어느 집단, 국가 등을 주도하는 공인된 권력이나 힘) 싸움은 대한민국에 피를 말리는 선택을 강요하기도 한다. 이런 가운데 이웃 나라 일본은 경제적 저력을 바탕으로 자국의 외교적 영향력을 높이기 위해 철저히 계산된 행보를 보이고 있다.

그렇다면 대한민국의 내부 사정은 어떠한가. 경제 부문에서는 성장동력이 꺼지는 것이 아닌지 우려하는 목소리가 높고 미래 먹거리에 대한 불확실성이 우리를 불안하게 한다. 저출산·고령화 사회에 접어들었지만, 미래를 이끌어 나갈 많은 젊은이들이 일자리를 구하지 못해 절망과 좌절 속에 고통받고 있다. 심지어 삶을 포기하는 취업준비생의 모습은 전혀 낯설지 않다. 부존자원이 적고 대외 무역에 의존해 살아가는 대한민국에 외교란 국가의 생존과 직결되는 매우 중요한 일이다. 그런 점에서 우리나라 외교관은 나라의 운명을 개척하는 역할까지 맡고 있다고 해도 과언이 아니다.

2018년 현재 우리나라와 수교한 국가는 세계 190개국에 달한다. 유엔 193개 회원국 중 남북한을 제외하고 188개국과 유엔 비회원국으로는 교황청, 쿡제도와 수교관계를 맺고 있다. 유엔 회원국 중 시리아, 마케도니아, 쿠바 3국과는 외교관계가 아직 개설되지 않았다. 2008년 세르비아로부터 독립한 코소보의 경우 미수교국으로 주오스트리아 대한민국 대사관에서 대외 업무를 관할하고 있다.

우리나라와 가장 먼저 외교관계를 수립한 국가는 미국(1882년)이며, 가장 최근 외교관계를 맺은 국가는 모나코(2007년)이다. 1970년까지 우리나라의 수교국은 82개국에 불과했고, 서울올림픽이 열렸던 1988년 당시의 수교국은 129개국이었다. 국제 외교 무대에서 수교국의 수는 국력의 잣대로 여겨지기도 한다. 우리나라가 서울올림픽 이후 20년 만에 거의 대부분의 유엔 회원국과 국교를 맺은 일은 과거와 달라진 대한민국의 위상을 보여 주는 것이기도 하다.

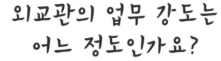 외교관의 업무 강도는 어느 정도인가요?

외교관은 미국이나 유럽 등 선진국에서만 근무하는 것이 아니다. 국가의 명령을 받으면 아프리카의 오지에도 달려가서 임무를 수행해야 한다. 그것이 외교관의 삶이다. 치안이 불안정하고 언제 정변의 위험을 겪을지 모르는 곳에서 일을 해야 한다. 말라리아는 물론 예방약도 치료약도 없는 뎅기열 등 치명적인 풍토병의 위험에도 노출되기 쉽다. 쓰디쓴 키니네를 안 먹으려 하는 어린 자녀가, 우유에 타서 먹인 약을 이내 뱉어내는 모습을 아픈 가슴으로 지켜봐야 할 때도 있다. 해발 4천 킬로미터가 넘는 고지에서 근무하는 외교관은 고산지역이라 그런지 어린 딸이 키가 크지 않는다고 애를 태우기도 한다.

해외근무를 하다 보면 부모가 돌아가실 때 임종을 지키지 못하는 경우도 있다. 중남미 같은 곳에 있으면 한국에 오는 데 이틀 가까이 걸리기 때문에 장례식이 지나 당도하는 경우도 적지 않다. 이뿐만이 아니다. 기본적으로 일거리가 많아 야근이 잦고 근무지를 옮겨 다니기에 자주 이삿짐을 싸야 한다. 또한 수시로 주거·생활환경이 바뀌는 탓에 자녀교육 문제로 늘 고민을 안고 살아야 한다. 숱한 어려움에도 불구하고 외교관이라는 힘든 자리를 감당할 수 있도록 해 주는 것은 과연 무엇일까.

나의 경우, 미국 최악의 재난 참사인 '허리케인 카트리나'를 시작으로 공직 인생에 거센 태풍이 불기 시작했다. 온 국민의 관심이 집중된 한·미 FTA 농업협상에 이어, 민감한 정치적 이슈인 미국산 쇠고기 수입위생조건에 관한 협상을 맡으면서 피를 말리는 시간을 보내야 했다. 하지만 나는 '내가 대한민국을 대표하는 외교관'이라는 생각을 한 번도 잊은 적이 없다. 최악의 순간에도 내가 외교관이 된 것을 후회해 본 적도 없다. 오히려 국가를 위해 평생 외교관으로 일할 수 있었다는 데 감사한다. 이 글을 읽고 다른 직업에 비해 업무 강도가 높다고 꿈을 포기해야 할지 아니면 다른 꿈을 키워야 할지 고민할 수도 있다. 하지만 중요한 건 스스로 외교관이 되고자 하는 의지다. 외교관으로서 겪었던 역경과 시련도 컸지만, 이와는 비교할 수 없는 긍지와 가슴 벅찬 보람을 느낄 수 있었기 때문이다.

Q & A

노련한 협상가가 되려면
어떻게 해야 하나요?

노련한 협상가가 되기 위해서는 무엇을 얼마나 주고 어떻게 받을 것인가를 잘 판단하고 협상해야 한다. 기자이자 소설가인 마크 트웨인(1835~1910)은 외교를 이렇게 풍자한 바 있다.

> "외교의 원칙은 주고받기(Give and Take)다. 다만 하나를 주고 열을 받으려 한다."

비록 하나를 내주고 열을 받아 내는, 힘에 의한 일방적인 외교의 시대는 저물었지만, 마크 트웨인은 '주고받기'가 외교의 본질이라는 점을 잘 지적했다.

1990년 우루과이라운드(UR) 협상이 한창 진행 중이던 때의 일이다. 스위스 제네바에 있는 GATT(관세 및 무역에 관한 일반협정) 건물 안에서 우리 농업인이 쌀시장 개방에 반대하며 등산용 칼로 자신의 배를 그어 자해하는 일이 벌어졌다. 쌀시장 개방 문제는 당시 협상에서 가장 크고 민감한 현안이었다. 농민의 입장에서는 한국 농업의 어려움을 알리기 위한 고육지책(제 몸을 희생하며 쓴 계략)이었겠지만, 국제협상장에서 이 사건을 바라보는 여러 나라의 시선은 사뭇 달랐다. 거의 매일 점심과 저녁을 샌드위치로 때우며 실무협상을 해오던 다른 나라 대표들이 정색을 하면서 내게 물었다.

"한국은 다자무역체제에서 가장 큰 혜택을 받는 나라다. 우리가 이렇게 매일 협상을 하는 이유가 무엇인가? 국가 간에 서로 시장의 문을 열어 이익을 보자는 것이 목적 아닌가? 그런데 한국은 자기들이 원하는 것은 상대에게 악착같이 요구하고 다른 나라가 원하는 쌀시장은 목숨을 걸고 지키려고 한다. 한국의 사고방식이 이런 것이라면, 솔직히 우리가 왜 이 자리에서 매일 협상을 해야 하는지 모르겠다."

사실, 어떻게 해서든지 우리나라의 산업은 좀 더 보호하고 다른 나라의 시장은 좀 더 열도록 만들고 싶은 것은 외교관이기 이전에 국민의 한 사람으로서 갖게 되는 인지상정이다. 하지만 외교란 상대가 있는 국가 간의 일이고 나라와 나라의 관계에 일방통행이란 없다. 협정이든 현안이든 서로의 입장을 감안해 양보하고 타협하는 과정이 필요하다. 외교관이 현명한 협상가여야 하는 이유이기도 하다.

따라서 외교관에게는 협상가로서 감정에 좌우되지 않고 이성과 합리성을 유지하면서 철저하게 국가의 실리를 추구하는 자세가 필요하다. 물론 하루아침에 노련한 협상가가 될 수는 없다. 처음부터 강박에 시달려 불필요한 스트레스를 받지 말자. 연차가 쌓이면 업무는 자연스럽게 숙달된다. 세상을 보는 시야를 넓혀 여러 현안을 고민하고 해결하면서 점점 더 좋은 협상을 할 수 있도록 끊임없이 노력해야 한다.

Q&A

외교관에게 필요한 자질은
무엇인가요?

내가 외교관으로 살아오면서 경험을 바탕으로 외교관에게 필요한 자질은 무엇인지 5가지로 나누어 설명하고자 한다.

① 애국심과 충성심

"내가 사람의 방언과 천사의 말을 할지라도 사랑이 없으면 소리 나는 구리와 울리는 꽹과리가 되고."

세기의 베스트셀러 『성경』에 나오는 유명한 구절이다. 외교관의 경우 역시 이와 마찬가지라고 생각한다. 제아무리 화려한 언변을 자랑한다 해도, 그 가슴에 나라에 대한 사랑이 없다면 아무 말이나 흉내 내는 앵무새와 다를 바 없다.

나는 외교관에게 가장 중요한 덕목이 무엇인지 꼽으라면 주저 없이 애국심을 들겠다. 외교관은 대한민국을 대표해 국가와 국민을 위해 일하는 공직자이기 때문이다. 애국심은 외교관으로 하여금 열정을 갖고 국가에 헌신하게 하는 힘의 원천이다.

수년 전까지 중국의 외교정책을 총괄했던 다이빙궈 전 외교담당 국무위원(2008~2013)은 『전략대화-다이빙궈 회고록』에서 "외교관은 죽음을 두려워해서는 안 된다"고 했다. 외교관은 국가와 국민을 위해 일하다가 언제라도 자신을 희생할 각오를 해야 한다는 의미일 것이다. '양복 입은 군인'이라는 별칭처럼 국제무대에서 총칼 없는 전쟁을 치러야 하는 것이 외교관이다. 때론 전쟁 중에도 앞장서서 적대국과 담판을 벌여야 한다. 실제로 협상하러 적진에 들어갔다가 목숨을 잃은 외교관도 있다. 애국심 없이는 국가를 위해 몸을 던지기가 쉽지 않다. 국가에 대한 애국심과 충성심은 외교관에게 가장 필요한 덕목이자 가장 큰 무기이기도 하다.

② 소신과 용기

고려 시대의 충신 정몽주는 충절의 상징으로 널리 알려졌지만, 용기와 소신을 지닌 빼어난 외교관이기도 했다. 고려 말 왜구들의 노략질이 점점 심해지자 조정에서는 일본으로 사신을 보내 화친(나라 간에 다툼 없이 가깝고 두텁게 지냄)을 도모했다. 그런데 이 사신은 임무를 수행하기는커녕 왜구의 장수에게 붙잡혔다가 겨우 죽음을 면하고 돌아왔다. 그러자 평소 정몽주에게 앙심을 품고 있던 권신들이 그를 사지로 내몰았다. 일본으로 건너가 왜구의 단속을 요청할 사신으로 그를 추천한 것이다.

사실 정몽주는 험한 바닷길에 트라우마가 있었다. 이보다 앞서 그가 서장관(임금에게 보고할 글을 기록하는 관리)으로 명나라를 다녀오던 때의 일이었다. 거센 풍랑으로 배가 난파돼 일행이 익사하고, 그는 13일이나 사경을 헤매다 구사일생으로 구조되었다. 그로서는 바다만 봐도 악몽이 떠오를 만했다. 게다가 왜구가 들끓는 일본에서 무슨 험한 일을 당할지도 모르는 상황이었다. 하지만 모두가 위태롭게 여기던 임무를 정몽주는 두려워하는 기색 없이 받아들였다. 그는 일본으로 건너가 양국이 왕래함으로써 얻는 이해득실(利害得失, 이익과 손해, 얻음과 잃음)을 잘 설명해 임무를 완수했고 왜구에게 잡혀갔던 고려 백성들까지 데리고 돌아왔다. 대의를 위해 자신을 던지는 용기, 험한 파도와 날카로운 창칼 앞에서도 흔들리지 않는 신념이 없다면 해낼 수 없는 일이었다. 사실 공직자로서, 또 외교관으로서 소신을 갖고 용기 있게 행동하는 것은 말처럼 쉬운 일이 아니다. 관료사회에는 스스로 책임질 일을 만들지 않고, 그저 시류에 따라 처신하는 풍조가 존재하기도 한다. 하지만 외교관은 해외에서 국가를 대표하는 공직자로서 그 행위가 국가적으로 미치는 영향력이 매우 크다. 외교관 생활을 하다 보면 현장에서 여러 가지 상황과 마주칠 수밖에 없는데, 이때 흔들림 없이 임무를 수행하려면 무엇보다도 소신(신념)과 용기가 필요하다. 자신의 일이 국가와 국민을 위한 것이라는 신념, 힘들고 어려워도 앞으로 나아갈 수 있는 용기가 있다면 이미 훌륭한 외교관이라고 생각한다.

③ 정직과 신뢰

"대사란 자국의 이익을 위해 거짓말을 하도록 해외로 보내는 가장 정직한 사람이다 (An ambassador is an honest man who is sent to lie abroad for the good of his country)."

16~17세기 영국의 작가이자 외교관이었던 헨리 워튼 경(Sir Henry Wotton)이 남긴 유명한 말이다. 과거 외교가에서 종종 인용되던 이 말은, 17세기 초 워튼 경 자신이 외교관으로서 임무를 수행하러 독일의 아우크스부르크로 떠나면서 했던 말이기도 하다. 당시 아우크스부르크는 유럽의 '핫 플레이스'였다. 당대 제일의 재벌인 푸거 가문 (Fugger Family)이 교역과 금융업을 크게 일으켜 유럽의 중심으로 떠오르던 상업도시였다. 또한 종교개혁운동으로 갈등을 빚던 신교(프로테스탄트)와 구교(가톨릭) 사이에

서 공존을 위한 협상과 화의(화해의 의논)가 계속 진행된 종교도시였다. 푸거 가문은 전 유럽에 지점망을 두고 사업은 물론 정치·경제 정보까지 수집했는데, 아우크스부르크는 그런 고급 소식이 집결되는 정보의 도시이기도 했다.

워튼 경은 치열한 정보전이 벌어지는 아우크스부르크로 부임하면서 '자국의 이익을 위해서라면 거짓말도 불사할 수밖에 없는' 자신의 처지를 특유의 어법으로 표현했던 것이다. 하지만 그런 워튼 경조차 외교관의 전제조건으로 삼았던 것은 바로 '정직한 사람(an honest man)'이었다.

지금 우리는 워튼 경이 활약했던 시대와 전혀 다른 세상에서 살고 있다. 왕권 시대의 옛 외교가 비밀외교였다면, 민주 시대의 현 외교는 공개외교에 가깝다. 그 시대에는 거짓말이 문제와 위기를 잠시 모면하는 임시방편이 될 수 있었는지 모르겠지만 현재의 상황은 전혀 다르다. 교통과 통신의 비약적인 발달로 말의 진위를 가리는 데 많은 시간이 필요하지 않기 때문이다. 거짓말의 유효기간은 짧을 경우 분초에 불과하다. 국가 간의 관계에서 거짓말은 오히려 신뢰를 깨뜨리는 독이 될 뿐이다.

외교관은 권모술수(權謀術數, 목적을 달성하고자 권세와 모략, 술수를 가리지 않는 것)에 능하고 거짓말도 잘해야 한다고 여기는 이들이 있다. 하지만 실상은 정반대다. 외교관은 정직해야 하고 진정성이 있어야 한다. 물론 때로는 정직함 때문에 당장의 불편함을 초래할 수도 있다. 하지만 정직해야 결국 상대로부터 신뢰를 받고, 파트너로서 인정을 받는다. 외교관이 한 번 신뢰를 잃으면 발붙일 곳이 없다. 외교의 기본은 신뢰이고 그 신뢰의 문을 여는 열쇠는 바로 정직과 진정성이다. 나는 워튼 경의 명언을 이렇게 바꿨으면 한다. "대사란 자국의 이익을 위해 해외로 내보내는 가장 정직한 사람"이라고.

④ 관용과 배려

관용과 배려 덕목과 관련하여 수년 전에 일어난 '샤를리 에브도 테러 사건'에 대해 알아보자. 프랑스 파리에 있는 풍자 주간지 『샤를리 에브도』 잡지사 사무실에 이슬람 극단주의자들이 침입해 '무함마드(이슬람교 창시자)를 모욕했다'는 이유로 총기를 난사한 사건이다. 이 사건 이후 전 세계적으로 테러 행위에 대한 비난 여론이 빗발치는 가운데 프랑스 서점가에선 기이한 현상이 벌어졌다. 1763년에 출간된 계몽주의 철학자 볼테르의 『관용론』이 250여 년 만에 베스트셀러에 오른 것이다. 프랑스 국민들이 극단주의에 맞서기 위해 '관용'이라는 방패를 꺼내 들었던 셈이다. 대체 '관용'이란 무엇이기에 이러한 현상을 끌어냈던 것일까?

『관용론』에 따르면 관용, 즉 불어로 '톨레랑스(tolérance)'란 '종교를 포함해 서로 다른 생각과 행동양식을 존중하고 이를 받아들이는 적극적인 태도'다. 또한 종교적 광신주의, 극단적인 민족주의, 사회적 차별과 배척, 폭력과 같은 불관용에 맞서는 보편적 가치이기도 하다. 우리가 흔히 쓰는 사전적 의미의 관용, '너그럽게 용서함'과는 개념의 차이가 크다. 배려는 이러한 관용의 연장선상에 있는 덕목이다. 상대방에 대한 이해와 존중을 바탕으로 상대의 입장을 헤아리고 상대를 위해 마음을 쓰는 것이 바로 배려라고 할 수 있다.

관용과 배려는 다양한 인종, 다양한 종교, 다양한 가치관이 뒤섞여있는 지구촌에서 인류가 더불어 평화롭게 살아가기 위해 꼭 필요한 덕목이다. 특히 여러 국가를 다니며 다양한 문화권에서 활동하는 외교관에게는 늘 몸에 배어 있어야 할 '생활 덕목'이기도 하다. 내가 알게 모르게 실천한 작은 관용과 배려가 훗날 더 큰 관용과 배려로 되돌아온다. 이처럼 관용과 배려의 가장 큰 특징은 사소해 보이지만 정말 커다란 영향력을 발휘하는 가치라는 점이다.

실제 외교 무대에서도 그런 일이 벌어진다. 한국과 한국의 외교관들이 다른 나라를 위해 펼친 작은 관심과 배려가 나중에 국제회의에서 한국을 지지하는 표로 돌아오기도 한다. 유네스코한국위원회 사무총장 시절, 우리나라가 유네스코 세계유산위원회 위원국 선거에 나갔을 때의 일이다. 21개 위원국으로 구성된 세계유산위원회는 세계유산협약을 집행하고 세계유산 목록 등재를 결정하는 힘 있는 기구이다. 세계 여러 국가들이 위원국 진출을 원하고 있어, 이미 두 차례나 위원국을 역임한 우리나라의 선출 가능성은 불투명했다. 이때 예상치 못한 곳에서 도움의 손길이 다가왔다. 유네스코한국위원회가 국가위원회 웹사이트를 만들어 운영할 수 있도록 '배려'했던 카리브해와 남태평양 지역 국가들이 앞장서서 지지표를 모아 줬던 것이다. 결과는 사상 3번째로 위원국 진출이었다. 때때로 뉴스를 장식하는 국제 외교 무대의 소식 뒤에는 이런 비밀 아닌 비밀이 숨어 있다.

⑤ 침착성과 인내심

"뛰지 마. 외교관은 뛰면 안 돼."

내가 초보 외교관이던 시절의 일이다. 급한 업무를 처리하느라 복도에서 뛰어가다가 고참 외교관과 마주쳤다. 그는 외교관은 국가를 대표하는 존재이기에 늘 침착하게 처신해야 한다고 조언했다. 외교관이 다급하게 뛰면 국가적으로 뭔가 위급한 상황이 벌어진 게 아니냐는 불안감을 줄 수 있다는 것이다. 그 뒤로 나는 아무리 급한 일이라도 다른 이에게 결코 뛰는 모습을 보이지 않았다.

해외에선 외교관의 일거수일투족이 관심의 대상이다. 외교관의 언행을 보고 파견국의 위상에 대해 판단하기도 한다. 외교관의 불안정한 모습은 파견국의 이미지에도 좋지 않은 영향을 끼치기 마련이다. 반면, 외교관의 신중하고도 침착한 처신은 개인을 넘어 파견국에 대한 인정과 신뢰로 이어진다.

『외교론(Diplomacy)』의 저자로 유명한 영국의 외교관 해롤드 니콜슨 경은 이상적인 외교관의 7대 덕목으로 '진실성, 정확성, 인내심, 침착성, 관대함, 겸손, 충성심'을 꼽은 바 있다. 이 가운데 침착성과 인내심은 동전의 양면과도 같다. 인내심은 분별력을 잃지 않고 감정에 휘말리지 않으며 평정심을 유지하는 마음이다. 인내심이 없다면 침착성이 발휘될 수도 없다.

외교 현장, 특히 협상 무대에서 인내심은 외교관의 커다란 자산이다. '밀당'을 넘어 총칼 없는 전쟁이 벌어지는 협상 테이블에서는 서로 얼마나 인내심을 발휘하느냐에 따라 협상의 성공과 실패가 좌우된다. 외교란 입력을 하면 곧바로 결과물이 나오는 컴퓨터와 출력기가 아니다. 한 끼 밥을 짓기 위해서도 뜸 들일 시간이 필요한데, 국가와 국가의 관계를 좌우하는 외교 활동에 있어서는 두말할 나위가 없다. 때로 외교는 기다림의 미학이기도 하다. 그리고 외교관에게 적극적인 기다림을 가능케 해주는 미덕이 바로 인내심이다.

Q&A

외교관이 되면 얼마나 돈을 벌 수 있나요?

외교관이라고 하면 "와! 부자겠다!"라고 부러움을 표시하는 학생들이 의외로 많은 것 같다. 왜 외교관이 부자라고 여길까? 아마도 웅장한 대사관저와 화려한 파티 장면을 보고 그렇게 여기는지 모르겠다. 그런데 대사관과 대사관저의 규모가 큰 것은 국가를 상징하는 얼굴이기 때문이다. 가령 우리 대사관의 규모가 작고 초라하다면 그 나라 국민들은 우리나라를 작고 가난한 나라로 여길지 모른다. 대사관저도 마찬가지다. 대사관저는 대사가 생활하는 숙소이기도 하지만 외교 활동을 하는 매우 중요한 공간이다. 주재국의 정부 관료나 유력인사들을 초청하여 리셉션이나 오·만찬을 베풀기도 하고 다양한 행사를 개최하기도 한다. 그렇기 때문에 정부가 건물을 구입하거나 임차하여 대사관저로 사용하게 한다. 대사관저는 대사 개인의 소유가 아니라 대한민국 정부의 소유인 것이다.

결론부터 말하면 외교관이 부자라는 말은 맞지 않는다. 외교관은 돈을 버는 직업이 아니다. 다른 정부 부처 공무원들과 마찬가지로 정부로부터 월급을 받고 일한다. 재외 공관에서 일하는 동안 외교관은 다른 직업을 갖고 돈벌이를 할 수 없다. 국가를 대표하여 공적인 외교를 하는 사람이 개인적인 이익을 위하여 외교관 신분을 이용하면 안 되기 때문이다.

돈을 벌려고 하면 외교관이라는 직업을 선택하면 안 된다. 부자가 되고 싶은 사람은 기업에 들어가거나 사업을 하는 것이 좋다. 흔히 사람들은 돈·권력·명예를 성공의 척도로 삼기도 한다. 세 가지를 다 얻은 사람은 극히 드물고 한 가지만 가져도 성공한 사람이라고 말한다. 물론 이 세 가지를 가졌다고 반드시 행복한 것은 아니다. 외교관의 가장 큰 보람은 아마도 명예일 것이다. 외교관은 돈이나 권력보다 국가를 위해 일한다는 자부심과 명예를 더 가치 있게 여기는 사람이다.

외교관은 돈을 버는 직업은 아니지만 그렇다고 그다지 쪼들린 삶을 살지 않는다. 외교관마다 차이가 있지만 외교관 생활을 하는 동안 대략 절반은 해외에서 살게 된다. 재외공관에 근무하는 동안에는 외교관으로서 품위를 유지할 만큼 비교적 윤택한 생활을 한다. 한국과 외국을 오가며 살기 때문에 자녀교육에 어려움을 겪지만 어려운 점만 있는 것이 아니다. 해외유학을 보내지 않고도 해외에서 자녀교육을 시킬 수 있다는 점은 큰 혜택이다. 한국에서 살면서 자녀를 해외유학 보낸다고 가정해 본다면 얼마나 많은 비용을 절약할 수 있겠는지 상상해 보라. 비록 외교관이 돈을 버는 직업은 아니지만 국가를 위해 일한다는 명예심을 갖고 경제적으로도 어느 정도 여유로운 삶을 살 수 있으니 충분히 매력 있는 직업이라고 할 수 있지 않겠는가.

외교관의 꽃,
특명전권대사

　나는 대사를 '외교관의 꽃'이라 표현하고 싶다. 직업외교관이라면 누구나 언젠가 대사가 되겠다는 꿈을 가슴에 안고 산다. 대사는 국가를 대표하는 외교관이라는 의미로 공식적으로 업무를 수행할 때 차량에 국기를 달고 움직인다. 한 번 대사가 되면 평생 명함에 'Ambassador' 호칭을 달고 살 수 있다. 대사에게는 국가원수, 장관 등에게 붙이는 'His Excellency' 경칭을 붙이는 게 관례다. 그만큼 국제무대에서 존경의 대상이다. 평생 외교관 생활을 하다 마침내 대사로 임명받아 부임하는 직업외교관의 감회는 정말 남다를 것이다. 아마도 직업군인이 별을 달고 야전사령관으로 나갈 때와 비슷하지 않을까?

　외교부 직원이 대사로 처음 나가는 시기는 5급 사무관으로 외교부에 들어온 지 대략 30년 가까이 될 때쯤이다. 대체로 본부 국장이나 심의관 보직을 마칠 즈음이다. 초임 공관장은 규모가 작은 공관의 대사나 총영사로 나간다. 여기서 공관장은 공관의 책임자로 보통 외국에 파견된 한 나라의 대사, 총영사를 말한다. 공관장을 포함해 3인 이내인 공관이 전체 160여 개 공관의 60%를 넘는다. 최근엔 외교관이 공관장 한 사람뿐인 1인 공관장도 늘고 있다. 직급이 올라갈수록 규모가 큰 공관의 공관장을 맡게 된다. 주미 대사관이나 주일 대사관은 정규 외교관만 해도 수십 명이 넘는다.

　대사는 대통령이 임명한다. 미국에서는 대사도 장관처럼 상원 인사청문회를 통과해야 한다. 그만큼 국가적으로 중요한 보직으로 인식되고 있다. 대사는 보통 직업외교관 중에서 임명하지만 4강(미국·일본·중국·러시아) 등 주요 국가 대사는 정치적 임명(Political Appointee)도 한다. 대사의 공식 직함은 특명전권대사(Ambassador Extraordinary and Plenipotentiary)이다. 대통령으로부터 교섭에 관한 전권을 위임받은 대사라는 의미를 나타낸다. 국제에서 존경을 표하는 '대사'의 직급, 파견 절차 등에 대해 알아보자.

Q & A

대사의 직급은
어떻게 정해지나요?

대사에게도 직급이 존재한다. 외교부 본부 장·차관 아래에 최상위 직급으로 14등급 (차관급)이 있다. 본부 한반도평화교섭본부장, 그리고 재외공관의 14등급 대사가 여기에 해당한다. 미국, 중국, 일본, 러시아 등 4강과 영국, 프랑스, 독일, 벨기에 겸 EU, 브라질, 인도, 유엔, OECD, 제네바 등 13곳에 주재하는 대사가 14등급이다. 그 아래 고위 공무원단 '가'등급(일반 공무원 1급) 대사와 '나'등급(일반 공무원 2급) 대사가 이어진다.

대사를 파견할 때 특별히 고려해야 할 사항은 대사의 급이다. 너무 낮은 급을 파견하면 상대국이 불만을 표시하기도 한다. 상대국에 만족스럽지 못한 인물이 대사로 가게 된다면 정부 고위인사 면담 등 외교 활동을 하는 데 어려움을 겪을 수밖에 없다. 국무총리를 지낸 인사를 대사로 보내는 것도 신중할 필요가 있다. 총리 출신을 보냈다가 다음에 차관 출신을 보내면 받아들이는 국가의 입장에서 전에는 총리급이다가 이번엔 차관이라 서운하게 여길 수도 있다. 중국이나 일본의 입장에서도 한국이 미국에는 총리급을 대사로 보내고 자기 나라에는 상대적으로 낮은 직급을 보내는 데 대해 어떻게 생각할까? 중국이 북한과 일본에는 차관급 인사를 대사로 보내면서 한국에는 그보다 2~3단계 아래인 부국장급을 대사로 보내는 것은 어떤 의미일까?

특명전권대사라고 하지만 요즘엔 대사의 재량권(자율적으로 판단하여 처리하는 권한)이 과거에 비해 크게 줄었다. 대신 본부의 권한이 대폭 커졌다. 교통과 통신 기술의 발달로 본부와 재외공관 사이의 실시간 의사소통이 가능해졌기 때문이다. 본부는 세세한 사항까지 공관에 훈령을 내린다. 재외공관은 본부의 훈령에 철저하게 따라야 한다. 현지 공관장이 자체 판단이나 재량을 갖고 할 만한 일도 일일이 본부의 지시를 구하는 경우가 많다. 북한 핵 문제와 같이 국가적으로 중요한 일은 장관이 직접 챙긴다. 중요한 외교정책의 결정과 집행이 본부 주도로 이루어지고 있어 현지 대사의 재량이 갈수록 줄어들고 있다. 그렇더라도 대사의 역할은 아무리 강조해도 지나치지 않는다. 지휘는 본부에서 해도 결실을 거두어 내는 것은 현장의 대사들이다.

대한민국의 대사는 선진국은 물론이고 아시아, 중남미와 아프리카 등에서도 강한 발언권을 가지는 등 대우를 받는다. 전쟁으로 폐허가 된 나라가 눈부시게 발전하여 세계 15위권 경제를 이룬 덕분이다. 지금 이 순간에도 전 세계 160여 개 공관에 나가 있는 대사와 총영사가 국가의 이익을 위해 헌신적으로 뛰고 있다. 공관의 규모가 크든 작든, 주미 대사든 아프리카의 대사든 대한민국을 대표하는 특명전권대사라는 점에서는 차이가 없다. 모두 대한민국의 자랑스러운 국가대표들이다.

Q&A

대사 파견 시
거쳐야 할 절차가 있나요?

대사를 파견하기 전에 꼭 거쳐야 하는 절차가 있다. 상대국의 동의를 구하는 일이다. 이 사전 동의를 아그레망(Agrement)이라고 한다. 상대국에 대사 내정자를 알려 주고 가부 의견을 제시할 기회를 주는 것이다. 만약 상대국에 비호감 인물을 보낸다면 그가 과연 임무를 제대로 수행할 수 있을까? 상대국 입장에서도 누가 대사로 오느냐는 매우 중요한 사항이다. 대사의 역할에 따라 양국 관계가 더 가까워질 수도 있고 오히려 더 멀어질 수도 있기 때문이다. 아그레망을 받은 다음에야 대사를 정식으로 임명할 수 있다. 아그레망을 받는 데 보통 2주 정도 걸리는데, 상대국의 관례나 사정에 따라 한 달 이상 걸리기도 한다.

아그레망을 받으면 대통령은 대사에게 신임장을 수여한다. 대통령으로부터 전권을 위임받아 외교교섭을 할 수 있다는 일종의 보증문서이다. 신임장 수여식에는 대사의 배우자도 함께 참석한다. 해외에서 대사가 외교 활동을 할 때 배우자의 역할이 그만큼 중요하다고 여겨서다. 대사는 대통령에게서 받은 신임장을 상대국의 최고 지도자인 국가원수에게 제정(Presentation)한다. 아무리 일찍 부임하더라도 신임장을 제정한 이후에 공식적인 대외활동을 할 수 있다. 그전에는 주재국의 장관 등을 만나지 못한다. 그렇기에 하루라도 빨리 신임장을 제정하기를 원하지만 주재국 국가원수의 일정상 늦어지는 경우가 많다. 대개 여러 명의 신임 대사들을 모아 신임장 제정식을 갖는다.

신임장 제정은 나라마다 관행이나 절차가 다르다. 대사는 신임장을 제정하기 전에 외교부 장관에게 신임장 사본을 제출하고 주재국 의전장으로부터 신임장 제정 절차에 관한 상세한 설명을 들어야 한다. 영국이나 일본 같은 입헌군주국에서는 대사와 수행원 일행이 왕실이 제공하는 화려한 마차를 타고 행사장인 왕궁으로 이동한다. 외교관으로서 가장 보람을 느낄 때이다. 요즘엔 한복을 입고 신임장 제정식에 참석하는 대사가 많다. 한복을 입고 상대국 국가원수에게 신임장을 제정하면 대한민국을 대표하는 대사라는 느낌이 더욱 들 것이다. 신임장 제정은 국가원수를 단독으로 만난다는 점에서도 특별한 의미가 있다. 장관과 달리 국가원수는 자주 만날 수 없기 때문이다.

외교관에게 필요한
비즈니스 마인드는 무엇인가요?

우리나라 경제는 대외의존도가 매우 높다. 2017년 88.1%로 조금 떨어지긴 했지만 2011~2013년 연속 100%를 넘었다. 반면 미국과 일본의 대외의존도는 30%대다. 내

수시장이 약하고 무역의존도가 높을수록 세계 무역환경의 변화에 더 영향을 많이 받는다. 세계 자유무역 질서가 안정적으로 유지되어야 우리에게 유리한데, 세계는 보호무역주의와 자국우선주의로 가는 경향을 보이고 있다. 세계무역기구(WTO) 등을 근간으로 한 자유 교역 질서가 약화되고, 어떤 수단을 동원해서라도 국내 시장을 보호하는 시대에 접어든 것이다. 이럴 때일수록 경제통상 분야에서 외교관의 역할이 중요하다. 특히 무역으로 먹고사는 우리에게 해외 시장을 확보하고 새로 개척하는 것은 생존과 직결된 문제다. 외교관들이 국가대표 '세일즈맨', '비즈니스맨'이라는 의식을 갖고 두 팔을 걷어붙이고 나서야 하는 이유다.

외교부 내에서는 안보 중심의 정무 외교를 선호하고 경제통상 외교를 기피하는 경향도 있다. 경제통상 분야에서는 최선을 다해도 잘해야 본전이라는 인식 때문이다. 하지만 경제통상에 관한 전문적인 지식이 없으면 반쪽짜리 외교관이 되기 십상이다. 가령 재외공관에서 근무할 때 주재국이 반덤핑 상계관세 등 무역 관련 조치를 취해도 국제통상법 규정을 제대로 알지 못한다면 적절히 대응하기 어렵다.

2018년 1월 8일 로이터통신은 눈길을 끄는 기사 하나를 내보냈다. 도널드 트럼프 미국 대통령이 자국 외교관에게 '무기 세일즈'를 독려하는 범정부적 정책을 발표할 것이라는 내용이었다. 로이터는 이에 따라 해외공관에 파견된 미국 외교관과 국방무관 상무관 등이 록히드마틴, 보잉 등 자국 방위산업체의 해외 영업을 더 적극적으로 지원하게 될 것으로 전망했다.

트럼프 미 대통령이 '무기 세일즈 외교'를 강조한 것은 무역적자 감소와 일자리 창출을 위한 것으로 분석됐다. 또한 자국 거대 방위산업체들의 압력도 이러한 정책 수립에 영향을 끼친 것으로 관측됐다. 전 세계적으로 군축이 화두인 시점에서 미국의 무기 세일즈 강화 정책에 대한 각국의 시선은 엇갈리지만, '외교관도 세일즈맨이 되어야 한다'는 트럼프 대통령의 메시지는 우리에게 시사하는 바가 적지 않다. 부존자원이 적고 무역의존도가 높은 우리나라에서 '비즈니스 마인드'는 외교관에게 꼭 필요한 덕목이라고 볼 수 있다.

외교관이 직접 상품을 판매할 수는 없지만, 자국 상품을 해외에서 판매할 수 있도록 시장을 열어 주고 관련 정보를 제공하고 지원하는 역할을 해야 한다. 실제로 경제·산업·통상에 관한 생생한 고급 정보를 수집해 본국에 보고하는 일, 현지에 진출한 우리 기업의 애로사항을 해결하고 이들의 활동을 지원하는 일은 재외공관의 주요 업무 중 하나로 손꼽힌다.

나는 휴스턴 총영사로 일하던 시절, 관저에서 자주 만찬을 개최하여 우리 기업인들에게 평소 만나기 어려운 미국 글로벌 기업의 CEO들을 연결해 주곤 했다. 이러한 만남을 통해 새로운 계약이 체결되거나 기업활동에서 시너지 효과를 보기도 했다. 외교관으로서 우리나라의 기업과 주재국 정부 및 기업들 사이에 교류와 협력의 다리를 놓아 주는 일은 새로운 시장을 창출하는 것만큼이나 중요한 임무라고 할 수 있다.

일반인들은 잘 모르는
외교관이 누리는 혜택

해외 드라마나 영화를 보면 재외공관에 근무하는 외교관이 범죄에 연루돼도 자신이 주재하는 국가에서 체포나 구금되지 않는 특권을 누리는 장면이 종종 나온다. 흔히 '불체포 특권'이라 불리기도 하나 이것은 정확한 표현이 아니다. 이러한 특권은 외교관의 신체, 자유, 품위가 침해되지 않도록 보호받는 '불가침의 권리'에 해당된다. 그렇다면 외교관이 누리는 특권은 과연 어떤 것들이 있으며, 왜 이러한 특권을 허용한 것일까?

① 외교관의 특권과 면제

재외공관에 부임하면 일반인과 달리 외교관으로서 특권을 누리게 된다. 공식 용어로는 외교관의 '특권과 면제(Privileges and Immunities)'라고 한다. 외교관계에 관한 비엔나협약에 따라 외교관에게 부여된 권리다. 가장 대표적인 외교관의 특권은 불가침권(Inviolability)이다. 외교관의 신체와 외교공관은 불가침권을 가지며, 외교관의 문서와 개인 재산도 불가침의 대상이다. 외교관에게 이러한 특권과 면제를 부여하는 것은 파견국을 대표해 외교업무를 자유롭고 효율적으로 수행하도록 하기 위해서다. 따라서 외교관의 특권과 면제는 외교관 개인의 권리나 특혜가 아니라 그를 파견한 국가의 권리에 해당된다. 여권(Passport)이 개인의 소유가 아니라 국가가 발급한 공문서인 것과 같은 이치다. 그런 이유로 외교관은 본국의 허가 없이 자기 마음대로 특권과 면제를 포기할 수 없다.

② 불가침의 범위는 어디까지일까?

외교공관은 불가침이라고 했는데, 여기에는 대사관은 물론 대사관저도 포함된다. 공관장의 동의 없이는 주재국 경찰 포함 어느 누구도 그 안에 들어가지 못한다. 외교관이 살고 있는 주택도 공관처럼 불가침이다. 자기 소유든 임차주택이든 마찬가지다. 외교관이 휴가나 출장 갈 때 호텔에 잠시 머무는데 이러한 임시체류지도 불가침의 대상이 된다.

그럼 외교공관은 자국 영토의 일부로 볼 수 있을까? 아니다. 외교공관이 불가침권을 가지고 있다 하여 자국 영토의 일부로 확대 해석해서는 안 된다. 외교공관은 당연히 접수국(주재국)의 영토이다. 단, 비엔나협약에 따라 접수국은 외교공관을 보호할 의무가 있다. 우리나라의 경우 '집회 및 시위에 관한 법률'에 따라 외교기관이나 외교사절의 숙소 100미터 이내에서는 일체의 옥외집회와 시위를 금지하고 있다.

화재와 같이 긴급한 사태가 발생했을 때, 소방경찰이 공관장의 동의를 구하지 않고도 외교공관 안에 들어갈 수 있을까? 공관장의 동의를 구할 시간적 여유가 없는 긴급한 경우에도 외교공관 안에 들어갈 수 없다는 것이 정설이다. 그렇다면 탈북자들이 외교공관에 들어와 보호를 요청하는 경우는 어떨까? 이는 외교공관에 도피자나 정치적 망명자에 대한 외교적·정치적 비호권(Asylum)이 있느냐의 문제와 연결된다. 외교공관이 정치적 도피처가 되는 사례가 현실적으로 많기는 하지만, 법적으로는 외교공관에 정치적 비호권을 인정하지 않는다는 의견이 일반적이다. 그러나 도피자나 정치적 망명자가 일단 외교공관 안에 들어온 후에는 공관장의 동의 없이는 경찰이 공관 안에 들어가 끌어낼 수 없다.

외교공관의 재산, 차량, 비품 등도 모두 불가침의 대상이고, 이에 대한 주재국의 수색·징발·압류·강제집행이 면제된다. 또한 외교공관의 문서는 언제 어디서나 불가침이다. 문서를 보관하는 용기는 물론, 외교관의 개인문서도 불가침이다. 외교관계가 단절되거나 무력충돌이 발생한 경우에도 불가침의 권한은 유지된다. 종이문서만 아니라 컴퓨터 저장장치(USB), 필름, 사진, 녹음도 불가침이다. 외교공관의 통신도 불가침이다. 외교업무를 수행하는 데 자유롭고 안전한 통신의 확보는 매우 중요하므로 접수국은 외교공관의 자유로운 통신을 허용하고 보호해야 한다.

③ 외교행낭 배달자도 불가침 대상일까?

외교공관과 본국 정부 간에 문서와 물품을 담아 운송하는 외교행낭(Diplomatic Bag or Pouch)도 당연히 불가침이다. 외교행낭에는 외부에서 식별할 수 있는 표시를 해야 하고 공적 외교문서와 물품만 넣어야 한다. 만약 금지물품이 들어 있다는 명백한 증거가 있어도 공관의 동의 없이는 외교행낭을 강제로 열거나 맡아 둘 수 없다. 외교행낭이 제3국을 통과할 때도 제3국은 그 비밀과 안전을 도모해야 한다. 외교행낭을 배달하는 사람도 보호와 불가침의 대상이다.

외교관의 신체도 물론 불가침이다. 주재국(접수국)에서 외교관을 체포 또는 구금할 수 없다. 접수국은 외교관의 신체와 자유가 침해되지 않도록 적절히 조치를 취해야 한다. 우리나라를 비롯해 수많은 국가가 외교관의 신체를 침해하는 죄에 대하여 더 엄격하게 처벌한다. 접수국은 외교공관의 직무수행을 위해 충분한 편의를 제공해야 한다. 외교관 역시 접수국의 법령을 존중해야 하며 현지 내정에 개입하지 말아야 한다.

④ 재판관할권으로부터 면제

외교관은 접수국의 형사, 민사 등 모든 재판관할권으로부터 면제된다. 증인으로서 증언을 할 의무도 없다. 그렇다고 외교관이 치외법권을 가지는 것이 아니다. 외교관이 직무수행 기간 중 사법절차에서 면제된다는 것에 불과하다. 외교관도 접수국의 국내법을 준수해야 한다. 또한 본국에 귀국한 후에는 접수국에서 행한 행위에 대해 본국의 재판관할권에 따라야 한다. 단, 개인 부동산에 대한 소송과 공무 이외의 상업적 활동에 관한 소송에 있어서는 접수국의 민사·행정 재판 관할권에 따라야 한다. 재판관할권으로부터의 면제는 외교관 개인의

권리가 아니라 파견국의 권리에 해당된다. 따라서 본국만 그 권리를 포기할 수 있다. 면제에 대한 포기는 명시적으로 해야 하며 묵시적 포기는 인정되지 않는다. 다만 외교관이 스스로 소송을 제기한 경우, 재판관할권의 포기로 간주된다.

⑤ 과세로부터의 면제

외교공관은 물론 외교관은 국세, 지방세, 인세 및 물품세로부터 면제된다. 그러나 간접세, 상속세를 비롯해 서비스에 대한 대가, 개인 소유 부동산과 개인소득에 대해서는 세금이 면제되지 않는다. 공관이 공용 물품을 수입하거나 외교관 및 그 가족이 개인적 사용을 위해 물품을 수입하는 경우 모든 관세와 조세로부터 면제된다.

⑥ 외교관 가족도 같은 특권을 누릴까?

외교관의 가족도 외교관과 동일한 특권과 면제를 인정받는다. 다만, 나라마다 국내법상 가족의 개념에 차이가 있으며, 성인으로 독립적 경제활동을 하는 가족에 대해서는 외교관의 특권과 면제를 인정하지 않는 국가가 많다.

외교관은 개인적으로 영리를 위한 직업 활동이나 상업적 활동을 할 수 없다. 반면, 외교관의 배우자는 현지에서 직업을 갖거나 영리활동을 할 수 있다. 외교관이 공무가 아닌 직업적 또는 상업

적 활동을 할 경우 주재국의 민사 및 행정재판관할권으로부터 면제되지 않는 것처럼, 배우자도 사적인 직업 활동에 대해서는 소득세를 납부할 의무를 갖는다. 외교관의 가사도우미, 운전기사 등 개인 사용인의 경우 보수에 대하여만 면세를 받는다.

DIPLOMAT

2

외교관   준비하기

외교관이 되기 위한
시작

나는 외교관 생활을 하는 동안 반기문 전 사무총장 가까이에서 일할 기회가 몇 차례 있었다. 그가 외무부 장관 특별보좌관을 맡았던 시기에 장관 비서관으로 함께 일했고, 그가 주미 대사관 정무공사로 일하던 시절에는 그의 지휘를 받는 1등서기관으로 근무했다. 그리고 그가 유엔 사무총장이 된 뒤에는 내가 외교통상부 제2차관을 맡으면서 인연이 다시 이어졌다. 유엔을 비롯한 국제기구 업무는 제2차관 소관이었다. 그 후에도 유엔 전문기구인 유네스코의 한국위원회 사무총장으로서 인연을 이어 갔다.

곁에서 지켜본 반기문 전 총장은 한마디로 '헌신적인 사람'이다. 늘 일이 첫 번째였고, 개인으로서의 삶은 그다음이었다. 내가 알기로는 외교부에서 일하는 동안 그는 한 번도 제대로 휴가를 간 적이 없었고, 주말에도 편히 쉬는 날이 드물었다. 아무리 피곤해도 견디고 또 견디며 공무를 처리했다.

공직 시절 그는 골프 같은 '운동'을 거의 하지 않았다. 운동을 싫어해서가 아니라 시간이 없었기 때문이다. 다른 고위 공무원들이 골프를 즐기는 휴일에도 그는 대부분의 시간에 사람을 만나거나 서류 더미에 파묻혀 지냈다. 오래전 그와 함께 해외공관에서 근무하던 때의 일이다. 몇 차례 그와 골프 라운딩을 했는데 앞에

'워터해저드'가 있을 때, 그가 공을 물에 빠뜨리지 않고 한 번에 넘기는 걸 본 적이 없다. 재능이 없어서가 아니라 연습할 시간이 없으니 당연한 일이었다.

이쯤 되면 '일중독'이라 부를 만도 하지만, 나는 그의 투철한 사명감이 그토록 성실하게 일에 몰입하도록 이끌었다고 본다. 반 전 총장 자신도 반세기에 가까운 공직생활 동안 자신을 지탱해 준 것은 '사명감'이라고 고백한 바 있다.

> "공직에 헌신하려는 강한 사명감이 없으면 정말로 어려운 일입니다. 40년 넘게 외교관으로 일하면서 저는 항상 공직에 대한 강한 사명감을 안고 살았습니다."
>
> – 『반기문과의 대화』에서

유엔 사무총장이 된 이후에도 그는 살인적인 일정을 소화하며 왕성한 활동을 펼쳤다. 그가 관여하는 국제적 분쟁이나 탄소배출 감축 같은 지구적 이슈는 사실 국가에 따라 이해가 상충하는 부분이 많았다. 그러다 보니 사무총장직을 수행하는 게 결코 쉽지 않았고, 그의 행보에 대한 호불호도 엇갈리게 마련이었다. 하지만 그를 비판하는 사람들조차 두말없이 인정하는 것은 그의 한결같은 성실성이었다. 그 성실함의 밑바탕에는 바로 투철한 사명감이 자리하고 있었다.

반기문 전 총장, 그가 남긴 발자취를 돌아보면 때론 느리게 걸을지언정 결코 딴 길로 샌 적이 없음을 알 수 있다. 그가 꿈과 목표를 향해 흔들리지 않고 한 걸음씩 내디딜 수 있었던 비결은 무엇이었을까? 아마도 그의 가슴에 나라를 위해 그리고 인류를 위해 봉사하겠다는 뜨거운 사명감이 늘 살아 있었기 때문일 것이다.

세상에 저절로 열리는 문은 없다. 외교관이나 글로벌 리더의 길은 어쩌면 힘들고 어렵기만 한 여정으로 보일 수도 있다. 하지만 뜨거운 신념과 사명감을 가슴에 품는다면 대한민국, 나아가 지구와 인류의 미래를 바꾸는 멋진 도전이 될 것이다. 세계의 글로벌 리더들이 미래세대에게 각별한 관심과 애정을 쏟는 이유는 그들이 지닌 무한한 가능성을 믿기 때문이다. 아무쪼록 대한민국의 많은 젊은이들이 자신의 가능성에, 세계를 향한 꿈에 도전하기를 바란다. 자동문도 최소한 가까이 다가가야 열리는 것처럼 세상에 저절로 열리는 문은 없다.

Q & A

외교관 채용방식과 경쟁률은 어떤가요?

① 외교관 채용방식의 변화

2013년은 외교관 채용방식이 일대 전환점을 맞은 해다. 1968년부터 50년 가까이 1,361명의 외교관을 배출해 낸 외무고시 시대가 막을 내리고 새로운 외교관 선발제도인 '외교관후보자 선발제도'가 첫발을 내디뎠다. 외교관후보자 선발제도는 외무고시의 한계를 극복하기 위해 도입됐다. 고시와 같은 암기형 지식측정 시험으로는 급변하고 있는 국제 환경에 대응할 역량 있는 외교 인재를 선발하기 어렵다는 판단에서다.

외무고시가 시험을 통해 지식형 인재를 뽑는 데 그쳤다면 새로운 선발제도는 외교역량을 지닌 인재를 길러내는 데 주안점을 두었다. 과거 외무고시에선 3차 면접시험에 합격한 사람이 바로 외교관으로 임명됐다. 하지만 새로운 선발제도에서는 선발시험에 합격한 후보자가 국립외교원에서 1년간 교육을 받고 최종 평가를 통과해야 외교관으로 임용된다. 채용 예정 인원보다 많은 수(150% 이내)의 후보자를 시험으로 뽑은 후, 국립외교원 정규과정의 성적에 따라 일부를 반드시 탈락시키는 방식이었다. 이러한 '강제 탈락' 방식은 끝까지 경쟁을 유발해 후보자들의 역량을 끌어올리려는 취지에서 비롯됐지만, '예산과 인력 낭비'와 '비효율적'이라는 비판을 낳았다.

② 상대평가에서 절대평가로

이러한 점을 감안하여 2017년 12월 30일 외무공무원법을 일부 개정하여 외교관후보자 선발제도를 변경했다. 이전의 선발 방식과 달라진 점은 크게 두 가지다. 하나는 최종 채용인원보다 더 많이 선발한 다음, 국립외교원 정규과정의 성적에 따라 일부를 반드시 탈락시키는 것은 문제가 많다고 판단하여 '채용 예정 인원수'대로 후보자를 뽑는다는 점이다.

다른 하나는 국립외교원 정규과정에서 후보자의 종합교육 성적이 외교부 장관이 정하는 '일정 기준 이상(5점 만점에 3.25점)'이면 외교관으로 임용한다는 점이다. 전에는 상대평가를 적용했다면 이제는 절대평가를 적용하는 것으로 바뀌었다. 일각에서는 이를 두고 국립외교원 정규과정에 대한 평가 방법이 다소 느슨해진 게 아니냐는 시각도 있다. 그러나 '일정 기준 이상'의 성적을 얻어야 하는 만큼, 후보자 간의 경쟁에서 나 자신과의 경쟁으로 바뀌었다고 보는 게 타당할 것이다.

③ 경쟁률 현황

외교관이 되는 1차 관문은 외교관후보자 선발시험에 합격하는 것이다. 그런데 후보자 선발 방식이 바뀌면서 외교관후보자 선발시험을 둘러싼 경쟁도 더 치열해졌다. 이전처럼 채용 예정 인원의 150% 이내(실제로는 110% 내외 적용)에서 후보자를 선발하는 게 아니라 채용 예정 인원수만큼 뽑기 때문이다. 참고로 2018년 외교관후보자 선발시험에서 '일반외교' 분야의 경쟁률은 31.1 대 1을 기록하기도 했다.

2019년도 국가공무원 5급 공채 및 외교관후보자 선발시험의 평균 경쟁률이 36.4:1로

집계됐다. 2019년 접수인원은 지난해에 비해 5.6% 줄어들었고, 경쟁률도 조금 낮아졌다. 인사혁신처에서 밝힌 선발분야별 합격자 현황(여성·지방인재 현황 포함)은 다음과 같다.

구분		2019년도		2018년도	
		선발예정 인원	합격인원(여성/지방)	선발예정 인원	합격인원(여성/지방)
합계		40	41(20/1)	45	45(27/2)
일반외교		32	33(16/1)	36	37(25/2)
지역 외교	중동	2	2(1/—)	2	2(0/—)
	아프리카	1	1(0/—)	1	1(1/—)
	중남미	1	1(1/—)	2	1(1/—)
	러시아· CIS	2	2(1/—)	1	1(0/—)
	아시아	—	—	1	1(0/—)
외교 전문	경제· 다자외교	2	2(1/—)	2	2(0/—)

※ 지방인재채용목표제 적용 추가 합격 1명(여성) / 양성평등채용목표제 적용 추가 합격 없음
※ 여성합격률: '15년(64.9%) · '16년(70.7%) · '17년(51.2%) · '18년(60.0%) · '19년(48.8%)

출처: 인사혁신처

Q & A

신입 외교관이
처음 맡는 업무는 무엇인가요?

외교관이 되어 본부에서 초년 외교관으로 일하던 때 예기치 못한 당혹스러운 일을 경험했다. 1979년 외무고시에 합격하고 그해 7월 배치된 부서는 중앙청 5층 동쪽 끝에 자리 잡은 동구과였다. 주로 소련(지금의 러시아) 및 소련의 위성국(지금의 CIS 국가)에 관한 일을 하는 부서였다. 이 국가들은 북한과 가까운 미수교국이라 우리와는 공식적인 인적 교류나 교역이 거의 없어서 실질적인 외교 업무가 없었다. 주로 하는 일이 재외공관이 보고한 1차 정보들을 분석하고 이들 국가와의 관계개선 방안을 찾는 일이었다. 수교는 꿈도 꾸지 못했다.

가장 중요한 나라는 소련인데, 양국 관계로는 4년 전 모스크바 하계유니버시아드대회에 우리 선수단이 참가한 것이 고작이었다. 소련에서 개최된 스포츠 대회에 참석한 것은 건국 후 그때가 처음이었다. 당시 북한은 우리나라의 참가에 대한 항의의 표시로 대회에 불참했었다.

초보 외교관의 부푼 꿈은 금방 깨졌다. 담당 과장이 나에게 전혀 일을 주지 않았기 때문이다. 아무리 사무관 '시보'(정식으로 임명되기 전 실무를 익히는 단계)라 해도 최소한 총무나 서무는 맡기는데 그런 일도 시키지 않았다. 간단한 정보활동비 사용 후 심사 보고서도 과장이 직접 기안하고 서명했다. 내가 하는 일이라곤 복도에 비치된 복사기에 가서 문서를 복사해 오는 일이 고작이었다. 책상에 앉아 시간 보내기가 고역이었다. 남들은 일을 하는데 나는 책을 읽고 있을 수도 없었다. 오전 시간은 그럭저럭 넘어가도 오후가 문제였다. 무료함에다 점심식사 후 쏟아지는 졸음을 견디기 어려웠다.

'내가 이러려고 그토록 머리를 싸매고 공부하여 외교관이 되었나!' 탄식이 흘러나왔다. 그러기를 몇 달이 흘렀을까. '이렇게 허송세월하듯 시간을 보낼 순 없다'는 생각이 들었다. 철제 캐비닛에 빼곡하게 들어 있는 문서 서류철을 꺼내 읽기 시작했다. 문서 안에는 지금까지 무슨 일을 어떻게 했는지 상세한 내용이 들어 있었다. 읽다 보니 재미가 붙었다. 파일 제목을 새로 붙이고 너덜너덜한 문서는 가위로 잘 다듬어 편철하기도 했다. 사서가 하는 업무였지만 일을 알아 가는 재미에 시간 가는 줄 모르고 문서 읽기에 푹 빠졌다. 그렇게 동구과에 있는 문서를 모두 읽는 데 몇 달이 걸렸다. 중요한 문서는 다시 꺼내 읽고 또 읽었다. 아마 역대 동구과 직원 중에 모든 문서를 읽은 사람은 나밖에 없었을 것이다.

당시에는 컴퓨터에 문서내용을 저장하여 검색할 수 없던 때라 일이 발생하면 일일이 관련 문서를 찾아 전에 어떻게 처리했는지 파악하는 것이 중요했다. 나는 선배들이 문서를 찾지 못해 우왕좌왕하면 슬며시 문서를 찾아 내밀곤 했다. 선배들은 물론 나를 대하는 과장의 눈빛도 달라지기 시작했다. 마침내 내 역할이 생겼다. 문서를 찾아 주는 일이었다. 해가 바뀌고 새로 김석현 과장이 부임했다. 과장은 애주가여서 저녁마다 술자리에 따라가야 했다. 나는 몇 잔만 마셔도 꾸벅꾸벅 졸기 일쑤였지만, 그 자리야말로 과장의 신임을 받게 되는 절호의 기회였다. 업무와 관련한 이야기가 나올 때마다 내가 모르는 것은 거의 없었다. '이건 어떻고 저건 어떻게 처리하면 되고…' 모든 문서를 읽어 내용을 꿰뚫고 있으니 고참들보다 아는 게 훨씬 더 많을 수밖에 없었다. 과장이 그런 내 모습을 보고 신기해했다.

외무부 입부 2년째 되던 1981년 가을, 마침내 기회가 왔다. 과장이 조용히 나를 부르더니 특별미션이라면서 빨리 국장에게 가서 지시를 받으라고 했다. '아니! 고참 선배들이 많은데 무슨 일을 시키려나' 의아한 생각이 들었다. 정경일 국장은 최근에 구주국장으로 부임한 상사였다. 업무 처리가 치밀하고 불같은 성격이어서 누가 어떻게 야단맞았는지 벌써 소문이 무성했다. 나는 보고할 만한 일을 한 적이 없으니 야단맞을 기회(?)도 없었다. 국장은 나에 대해 이미 보고를 받아 알고 있었는지 단도직입적으로 말했다. 국장의 지시는 대략 이랬다.

"남덕우 총리가 최근 핀란드를 방문했다. 회담을 마치고 공항으로 가는 길에 차량에 동승한 코이비스토(Koivisto) 총리는 소련 고위층(정치국원)으로부터 받은 메시지를 적은 메모를 남 총리에게 전했다. 남한이 소련에 관계개선을 하자는 제안을 계속하고 있는데, 구체적인 제안을 해 주면 진지하게 검토하겠다는 내용이다. 민 사무관이 대통령에게 이에 관한 외교정책을 건의하는 보고서를 작성하라."

국장은 "이 일은 장관(노신영), 차관(김동휘), 정무차관보(공로명) 그리고 국장과 과장만 알고 있는 사항이니 어느 누구한테도 말해서는 안 된다. 심지어 동구과 다른 직원도 눈치채게 해서는 절대 안 된다"고 신신당부했다.

나는 뛰는 가슴으로 사무실로 돌아와 자료를 찾기 시작했다. 어느 캐비닛에 어떤 문서가 들어 있는지 훤히 알고 있으니 바로 꺼내어 책상 위에 쌓아 놓았다. 그날 밤을 꼬박 새워 보고서를 작성했다. 아침 일찍 보고서를 내미니 국장이 깜짝 놀라는 표정이었다. 그런데 일이 터졌다. 이런저런 의견을 내는 국장에게 내가 일일이 대꾸를 달았던 것이다. 국장이 부임한 지 얼마 안 되니 나보다 더 많이 알 수 없으리라는 자만심이 문제였다. 국장의 표정이 일그러지고 화를 참는 기색이 역력했다. 마침 과장 한 사람이 국장실에 들어왔다가 나를 밖으로 끌고 나갔다. "너, 죽으려고 작정했어?" 나는 사태의 심각성을 깨닫고 다시 국장실에 들어가 백배사죄하며 용서를 빌었다. 국장이 다시 여러 의견을 제시했다. 역시 경험이 많은 국장의 의견은 다르다는 생각이 들었다. 나는 다시 내용을 살펴보며 보고서를 보완했다. 다른 고참들이 고개를 갸우뚱하면서 나를 보았다. 그날 밤도 꼬박 새웠다. 다음 날 아침 다시 국장에게 보고했고, 많이 나아졌다는 칭찬을 받았다. 몇 차례 내용을 보완하여 대통령에게 보고하는 건의서를 완성했다. 차관보, 차관, 장관에게는 국장이 직접 보고했다.

이제 남은 일은 대통령 결재용 정책건의서를 만드는 일이었다. 청와대 전담 필경사를 찾아가 교회 장로라 일요일엔 일을 안 한다는 그에게 통사정을 하여 손 글씨로 쓴 87쪽 정책건의보고서를 완성했다. 제목은 '한소관계개선(안)'이었다. 며칠 뒤 국장이 나를 불렀다. 그는 환한 얼굴로 "장관이 직접 청와대에 가서 대통령에게 보고했다. 대통령에게서 큰 치하를 받았다. 정말 수고 많았어"라고 말했다.

그해 말 구주국 송년행사가 열렸다. 나는 국장이 인사위원회에서 강력히 주장하여 주영국 대사관으로 발령이 난 상태였다. 국장이 말했다. "입부 2년밖에 안 된 초임 사무관이 외교정책건의서를 기안해 대통령의 재가를 받아 시행한 것은 정말 대단한 일이야. 민 서기관이 평생 외교부에서 두 번 다시 경험하기 어려운 일이니 큰 보람으로 여겨도 좋을 거야."

정말 그 말이 맞았다. 30여 년 외교부에서 일하는 동안 내가 대통령에게 이런 정도의 외교정책을 건의해 시행한 것은 그때가 처음이자 마지막이었다. 당시 나는 두 가지 교훈을 얻었다. 하나는 결국 실력이 중요하다는 것, 다른 하나는 위기의 순간이야말로 실력이 가장 빛을 발할 때라는 것이었다. 처음에는 누구나 할 수 있고, 하찮게 보이는 일이어도 밑에서부터 차근차근 기초를 쌓는 것이 중요하다.

Q&A

외교관에 적합한 성격과 성향이 있을까요?

외교관이라고 일반인과 특별히 다른 성격과 성향이 필요한 것은 아니다. 하지만 국가 간의 관계인 외교는 결국 사람을 통해 이루어진다. 외교관 개인의 성격이 외교에 영향을 미칠 수밖에 없다. 외교관은 어떤 성격이어야 할까? 외교관은 한국을 대표하여 사람을 상대로 외교 활동을 하므로 신중하면서도 밝고 적극적이어야 한다.

외교관은 무엇보다 소통을 잘해야 한다. 소통을 잘못하면 오해가 쌓이고 오해가 갈등을 유발하고 대립이 격화되면 심지어 무력충돌이나 전쟁이 일어나기도 한다. 외교관은 국가 간에 오해가 생기지 않도록 각별히 노력해야 한다. 소통을 잘하려면 신뢰감을 주어야 하고 다른 사람을 이해하고 받아들이려는 열린 마음과 사고를 가져야 한다. 특히 중요한 것이 신뢰다. 국가 간에도 어떤 이유에서든 신뢰가 무너지면 회복하기가 쉽지 않다. 신뢰를 무너뜨리는 가장 큰 요인 중 하나는 거짓말이다. 거짓말을 하면 당장의 상황은 모면할 수 있을지 모르지만 비밀은 오래가지 않는다. 외교관이 되려는 사람은 어려서부터 정직하고 신뢰감을 주도록 노력해야 한다.

외교관에게 소통과 공감능력이 중요한 또 하나의 이유는 외교관이 다양한 인종과 언어와 문화적 배경을 가진 사람들을 상대하기 때문이다. 외교관은 선진국뿐만 아니라 아시아, 중동, 아프리카 사람과도 만난다. 심지어 우리에게 반감이나 적대감을 갖고 있는 사람과도 일해야 한다. 따라서 외교관은 어떤 사람이나 상황에도 잘 대응할 수 있도록 유연한 사고를 가져야 한다. 해외에서 일하다 보면 나와 생각이 다른 사람을 많이 보게 된다. 마음에 든 사람만 골라서 만나고 만나기 싫은 사람은 기피한다면 외교 활동을 제대로 할 수 있겠는가. 개인적으로는 마음에 들지 않는 사람도 필요하면 만나야 한다. 외교는 개인의 일이 아니라 대한민국을 위해 일하는 것이기 때문이다.

더구나 이제는 공공외교의 시대다. 공공외교란 상대국 국민과 직접적인 소통을 통해 우리나라의 매력을 알리고 상대국 대중의 마음을 사로잡는 일이다. 몇 년 전 한국에서 일한 스티븐스 미국 대사는 공공외교의 모범을 보인 외교관이었다. 그는 자전거로 전국을 누비면서 각계각층의 사람들을 만났다. 대통령과 장관만 만난 것이 아니라 학자와 학생, 일반 시민도 만나 미국을 이해시키고 한·미관계를 긴밀하게 하려고 노력했다.

외교관의 성격과 더불어 중요한 것이 개인의 성향이다. 외교관은 자국 정부의 외교정책에 따라 외교를 해야지 좌·우, 보수·진보 등 개인적인 가치관이나 성향에 따라 일하면 안 된다. 정부의 외교정책을 따르기 힘들다면 외교관을 그만두어야 한다. 우리나라에는 보기 어렵지만 미국 고위 외교관 중에는 정부의 외교정책이 자신의 소신과 다르다고 사퇴하는 일이 종종 있다. 최근에는 유럽에 주재하는 미국 대사가 '동맹을 욕하는 대통령 밑에서 일할 수 없다'며 물러나겠다고 밝힌 적도 있다.

외교관이 되려는 사람에게 한 가지 특별히 강조하는 점은 균형 감각을 가지라는 것이다. 요즘 인터넷·디지털 시대에 쏠림현상이 너무 심하다. 합리성과 이성보다 괴담과 선동이 난무하는 것을 자주 본다. 정보의 홍수 속에서 정보선택 장애 또는 결정 장애를 겪는 청소년과 젊은이가 많다. 어떤 선택이나 결정을 해야 하는 순간에 어느 한쪽을 선택 또는 결정하지 못하는 것이다. 고 홍순영 외무부 장관은 "정리되지 않은 정보는 쓰레기다"라고 했다. 수많은 정보가 오히려 쓰레기 더미처럼 우리 머릿속을 가득 채우고 있다는 의미다. 외교관이 되려는 사람은 평소 과학적이고 합리적이고 이성적인 판단 능력을 키우고 균형감각과 건강한 자기 주관을 가지도록 힘써야 한다.

또 한 가지, 강조하는 점은 댓글 쓰기를 조심하라는 것이다. 남이 보지 않는다고 해서 인터넷 공간에서 익명으로 남을 비난하는 댓글을 많이 쓰는데 이와 같은 악플이 당사자에게 씻을 수 없는 모욕과 상처를 주고 심지어 목숨을 앗아가기도 한다. 세상에는 비밀이 없다. 오늘 내가 별생각 없이 인터넷 공간에 다는 댓글이 언젠가 내 발목을 잡을지 모른다. 더구나 외교관을 꿈꾸는 사람은 댓글을 달고 싶어도 유혹을 이겨야 한다.

그런데 자기 성격이 내향적이거나 소극적이라면 어떻게 할까? 성격은 타고나기도 하지만 후천적으로 길러진다. 노력하기에 따라 얼마든지 바꿀 수 있다는 말이다. 외교관이 되고 싶은데 소극적인 성격이어서 걱정이 된다면 지금부터라도 바꾸도록 노력하자. 사람 만나기를 꺼린다면 이제부터는 적극적으로 사람들에게 다가가자.

Q&A

외교관이 보는
외교관의 미래 전망은 어떤가요?

4차 산업혁명 시대라는 말을 많이 들어보았을 것이다. '혁명'이라는 말을 쓰는 것은 그만큼 혁명처럼 획기적으로 변한다는 의미다. 사람이 하던 일을 인공지능, 로봇, 드론, 빅데이터, 사물인터넷, 무인자동차 등이 대체하게 된다는 말이기도 하다. 앞으로는 지금까지 살아온 세상과는 차원이 다른 세상에서 살게 된다.

4차 산업혁명이 왜 그렇게 중요할까? 사람이 하는 일을 앞으로는 인공지능이나 로봇이 대신 하게 될 것이기 때문이다. 불과 10년 안에 지금 직업의 50%가 사라질 거라는 예측을 하기도 한다. 지금은 각광을 받고 있는 의사, 변호사, 판사, 회계사와 같은 직업을 인공지능이 대신 하게 될 날이 금방 온다는 것이다. 국어·영어·수학 등의 교과 과목도 인공지능이 선생님 대신 가르칠 날이 올 것이다. 어쩌면 학교도 교실도 운동장도 필요 없게 될지 모른다. 지식은 인터넷으로 접속해서 원격으로 받으면 된다. 사람들이 하던 일을 기계가 대신 한다면 살기는 편할지 모르지만 사람들은 직업을 잃게 된다. 문제는 앞으로 어떤 직업이 사라지게 될지 아무도 정확히 예측하지 못한다는 데 있다. 무슨 직업이 사라질지 모르면 무슨 공부를 해야 할지, 어떤 직업을 택해야 할지 정하기 어려울 것이다.

그럼, 4차 산업혁명 시대에는 외교관도 필요 없게 될까? 절대로 그렇지 않다. 국가가 존재하는 한 외교관이라는 직업이 없어질 수 없다. 국가 간의 관계를 다루는 사람은 반드시 필요할 것이기 때문이다. 고대에도 외교관이 있었고 앞으로도 계속 외교관이라는 직업은 존속할 것이다. 인공지능, 로봇이 외교를 대신할 수 없다. 그런 점에서 외교관은 직업 면에서 볼 때 매우 안정적이라고 할 수 있다.

더구나 국가 간의 관계가 갈수록 복잡해지고 있기 때문에 외교의 역할이 더욱 중요해질 것이다. 외교를 잘하느냐 못하느냐에 따라 국가가 망하기도 하고 더욱 부강하고 강성해지기도 한다. 그만큼 외교는 국가의 운명을 좌우하는 생존의 문제이다. 구한말 우리나라는 국제정세를 바로 읽지 못하고 외교를 잘못하여 나라를 일본에 빼앗긴 쓰라린 경험이 있지 않은가. 외교관의 일과 삶은 매우 고되지만 그만큼 보람도 크고 사회적으로 존경을 받는 직업이다.

나도 외교관이 될 수 있을까?

인터넷에서 검색을 하면 외교관에 관한 수많은 질문이 올라와 있다. 그중에서 가장 빈도가 높은 질문은 '어떻게 하면 외교관이 될 수 있는가' 하는 것이다. 외교관이 될 수 있는 가장 일반적인 방법은 5등급 외무공무원 공채시험, 즉 외교관후보자 선발시험(옛 외무고시)을 치르는 것이다. 외교관후보자로 선발되면 국립외교원에 입교해 1년간 정규과정을 거치게 된다. 그리고 정규과정 종합교육 성적이 '외교부 장관이 정하는 기준 이상'인 외교관후보자는 5등급 외무공무원으로 채용된다.

이 외에도 3등급 외무공무원 공채시험(7급 상당)에 합격하면 외무영사직으로 일할 수 있다. 3등급 외무공무원 공채시험은 필기시험(객관식), 면접시험 등 2단계로 진행된다. 참고로 외교부 공무원의 직무등급은 1~14등급으로 구분된다. 최상위인 14등급은 차관급에 해당된다.

외교관이 되는 두 번째 방법은 특별채용에 응시하는 것이다. 외교부는 법률, 특수언어 등 특정 전문 분야에서는 일정한 경력을 갖춘 전문가를 대상으로 경력경쟁채용시험을 실시한다. 이 외에 주재관 제도를 통하여 재외공관에서 일할 기회를 얻을 수도 있다. 주재관(Attache, 아타셰)은 외교부에서 전문 분야별로 직위공모 방식으로 선발한다. 전에는 해당 정부 부처 공무원이 주재관으로 가는 것이 관행이었지만 이제는 일반인 전문가도 신청할 수 있다. 주재관은 재외공관에서 3년간 근무하는 것이 원칙이며, 1년의 범위 내에 근무기간을 연장할 수 있다. 그러나 3등급 외무공무원 공채시험은 외무영사직에 국한되고, 외교관 특별채용과 주재관 제도는 사실상 경력직을 뽑거나 한시적이다. 따라서 젊은이들이 직업외교관(Career Diplomat)에 도전하는 길은 외교관후보자 선발시험을 치르는 게 사실상 유일한 방법이다.

외교관후보자 선발시험에 관해서는 Part 4에서 살펴보고, 외교관이 되기 위해 필요한 사회경험과 능력에 대해 알아보기로 하자.

Q&A

외교관이 되려면
어떤 사회경험이 필요한가요?

우선 무료한 일상에서 벗어나 가벼운 일탈을 시도해보는 건 어떨까? 수년 전 토니 존슨이라는 현대 건축가이자 디자인학계의 권위자가 한국을 방문했을 때의 일이다. 영국왕립예술학교 등 세계적인 미술대학 세 곳에서 30년 가까이 총장을 지냈던 그는 국내 한 언론과의 인터뷰에서 이런 이야기를 했다.

> "회사 CEO들에게 '요즘 대학생들이 뭐가 부족하냐'고 물으면 이구동성으로 이렇게 말해요. 바로 창의력과 혁신적인 생각이라고. 그런데 의외로 창의력이란 다른 분야의 일을 해 보는 데서 나와요. … 새로운 것을 만들기 위해서는 전혀 다른 시각이 중요하니까요."

그가 사례로 든 것은 영국왕립예술학교를 졸업하고 한국의 한 대기업에서 근무한 자신의 제자였다. 이 제자는 한국 문화에 대해 잘 몰랐지만 다른 문화에 대한 호기심이 많았다고 한다. 한국에서 김치를 먹어 보고 음식의 정체와 만드는 법을 궁금해했고, 결국 새로운 관찰과 경험, 지식을 통해 아주 혁신적인 스타일의 김치냉장고를 디자인해 주목을 받았다는 것이다. 그는 다른 분야의 일, 다른 문화에 대해 호기심을 갖고 접촉하고 경험하는 데서 창의력이 나온다고 강조했다.

창의력, 창의성은 과연 무엇일까? 창의성의 사전적 의미는 '새로운 것을 생각해 내는 특성'이다. '획일성' '구태의연함' 같은 반의어를 떠올려보면, 창의성이란 단어를 좀 더 쉽게 이해할 수 있을 것이다. 영국 북부 스코틀랜드 교육 당국은 창의적 사고의 구성 요소를 '호기심, 열린 마음, 상상력, 문제해결력'으로 정의하고, 교육 현장에서 이러한 능력을 키워나갈 수 있도록 노력하고 있다고 했다. 그런데 공교롭게도 이 네 가지 요소는 '외교관에게 꼭 필요한 소양과 능력'으로 꼽히는 키워드이다. 호기심과 열린 마음 없이는 다양한 문화권의 사람들을 진정성을 갖고 만나기 어렵고, 상상력과 문제해결력 없이는 살아 있는 생물처럼 시시각각 변하는 외교 환경에 대응하기 어렵기 때문이다.

창의성과 혁신적인 생각은 배워서 생기는 것이 아니다. 흥미롭게도 창의성을 키우는 방법으로 '가벼운 일탈'을 꼽는 전문가들이 적지 않다. 새로운 환경, 새로운 시각, 새로운 경험에서 창의성이 시작된다는 것이다. 뉴턴이 만유인력을 떠올린 곳도 서재나 연구실이 아닌 사과나무 아래였던 것처럼.

혹시 집, 학교(학원), 도서관만 매일 쳇바퀴 돌 듯 옮겨 다니고 있다면 가끔은 작은 일탈을 시도해 보자. 서점의 신간코너에서 새 책 읽기, 공원이나 산 등 자연 속에서 산책하며 동식물 관찰하기 같은 것들 말이다. 당장은 아까울 수도 있는 시간일지 모르지만, 그런 소소한 일탈을 통해 얻는 영감과 아이디어, 그리고 경험이 앞으로 어느 순간에 삶을 더욱 빛나게 해 줄 것이다. 자신이 소심한 성격이라면 웅변이나 토론에 참여하여 창의성과 문제해결력을 길러보고, 평소 관심 있던 분야 또는 평소 접하기 어려운 분야의 동아리 활동에도 적극적으로 참여해보는 것도 좋다. 대외활동을 통해 새로운 관계망을 형성하고, 다양한 사회적 경험을 쌓는다면 외교관의 안목을 기르는 데 도움이 될 것이다.

Q&A

외교관은
어떤 능력을 갖춰야 하나요?

① 말하기만큼 중요한 글쓰기 능력

외교관 생활을 하다 보면 글쓰기 능력이 얼마나 중요한지 실감할 때가 많다. 외교부 본부든, 재외공관이든, 국제기구든 외교의 기본은 소통이다. 소통은 말과 글로 한다. 외교관으로서 실무를 볼 때 정말 필요한 것이 글쓰기 능력이다. 한글이나 영어로 각종 외교문서와 서한을 작성해야 하고, 행사가 많은 만큼 수시로 연설문이나 인사말도 써야 한다. 또 국제회의에 참석하면, 회의내용을 기록해 바로 전문으로 본부에 보고해야 한다. 게다가 영문을 한글로, 한글을 영문으로 번역해 보고하거나 제출해야 하는 경우도 있다. 그만큼 보고서나 서한을 잘 쓰는 외교관은 조직 내에서 존재감이 남다를 수밖에 없다. 말을 참 잘하는 외교관은 많지만, 글을 잘 쓰는 외교관은 상대적으로 드물기 때문이다.

국제기구에서 일하려면 글쓰기 능력이 출중해야 한다. 국제기구 사무국의 업무 중 대부분은 문서 작성이라고 해도 과언이 아니다. 사안마다 기획서, 보고서 등을 작성해야 하고, 모든 회의 내용, 심지어 회의 준비 내용까지도 문서로 정리하여 회람된다. 글쓰기 능력이 부족한 실무 직원이 받는 스트레스는 이만저만이 아니다.

그렇다면 어떻게 해야 글을 잘 쓸 수 있을까? 글쓰기는 하루아침에 늘지 않는다. 우선, 좋은 글을 많이 읽고 많이 써 봐야 한다. 다른 지름길은 없다. 한 원로 문필가는 '글을 잘 쓰는 방법'에 대해 질문을 받고 "원고지로 자기 키 높이만큼 글을 써 본 다음에 다시 오면 그때 이야기하자"고 대답했다고 한다.

나의 경우엔 책과 영자 신문으로 글쓰기 공부를 했다. 한글이든 영문이든 좋은 표현이 나오면 수첩에 문장을 적고 외웠다. 하루에 한 문장만 외워도 1년이면 365개의 문장을 자기 것으로 만들 수 있다. 수험 기간은 물론 외교관의 꿈을 이룬 뒤에도 늘 책을 가까이하며 매일 한 줄씩 수첩에 써보기를 추천한다. 언젠가 그 수첩이 인생에서 최고의 '보물창고' 역할을 할 것이다. 수첩에 적는 것이 귀찮다면 스마트폰 어플이나 노트 기능을 사용하여 기록해보자.

② 제너럴리스트냐, 스페셜리스트냐

외교관을 꿈꾸는 젊은이들이 자주 묻는 질문 중 하나는 제너럴리스트(Generalist)가 되어야 하는가, 아니면 스페셜리스트(Specialist)가 되어야 하는가이다. 제너럴리스트란 업무와 지식 등을 다방면에 걸쳐 두루 아는 사람이고, 스페셜리스트란 특정 분야의 전문적 식견을 갖춘 사람을 말한다.

이 질문에 대하여 한마디로 단정하여 답하기란 쉽지 않다. 외교 자체가 전문 분야이기에 모든 외교관은 스페셜리스트라고 볼 수 있기 때문이다. 굳이 말한다면 외교관은 제너럴리스트이면서 자신만의 전문 분야를 가진 스페셜리스트가 되어야 한다고 생각한다. 예를 들면 경제, 문화, 재외동포영사 업무 등을 두루 소화할 수 있는 역량을 지녀야 하고, 특히 환경 분야에서 전문 지식과 경험을 갖췄다면 제너럴리스트이면서 동시에 스페셜리스트라고 볼 수 있다.

외교관의 전문 분야는 매우 다양하다. 우선 미국, 중국, 일본, 러시아, 유럽, 동남아, 중남미, 아프리카 등 특정 국가나 지역의 사정에 밝고 현지어를 구사할 수 있는 지역전문가가 있다. 또한 업무에 따라 경제통상, 핵/군축, 유엔/국제기구, 국제법, 환경, 조약, 재외동포영사 등 각 분야에서 전문성을 갖춘 외교관들이 활동하고 있다. 그런데 특수외국어가 필요한 지역전문가, 전문 법률 지식이 필요한 국제법 전문가 등을 제외한다면 특정 분야의 전문가로 외교 업무를 시작하기는 어렵다. 또한 처음부터 전문성을 너무 강조하다 보면 보직 등에서 운신의 폭이 좁아질 수도 있다. 따라서 조언을 하자면, 먼저 제너럴리스트로서 소양을 갖추고, 자신이 바라는 분야의 전문성을 차츰 키워 가는 스페셜리스트가 되는 방법이 바람직하다.

Q&A

재외공관 외교관의 업무는 무엇인가요?

우아하게 물 위를 떠다니는 백조를 본 적이 있는가? 하지만 그 모습이 백조의 모든 것을 말해 주는 것은 아니다. 백조는 물 위에 떠 있기 위해 수면 밑에서 쉴 새 없이 발을 놀리며 헤엄을 친다. 격조 높은 파티와 만찬을 즐기는 외교관의 화려한 면모를 물 위의 우아한 백조에 비유한다면, 외교관의 드러나지 않은 일상은 수면 밑에서 쉴 새 없이 발을 놀리는 모습과 다를 바 없다. 그만큼 바쁘고 업무량도 많은 편이라는 뜻이다. 특히 재외공관에서 근무하는 외교관의 경우 밤낮의 구별이 따로 없을 정도다. 업무가 끝난 이후에도 외교 활동의 연장선상에서 사람들을 만나고 모임에도 참석해야 하기 때문이다. 재외공관에서 외교관의 일상은 다람쥐가 열심히 쳇바퀴 돌듯이 정말 바쁘게 돌아간다. 우선, 매일 방대한 문서와 자료를 읽고 파악해야 하는데 보통 일이 아니다. 외교관은 엄청난 읽을거리 속에 묻혀서 산다고 해도 과언이 아니다. 외교관의 일상에서 가장 많은 시간과 에너지를 투입하는 일이 바로 문서와 자료 읽기다.

일반적으로 재외공관 외교관의 하루는 아침에 출근하자마자 본부에서 보낸 전문을 읽는 것으로 시작된다. 본부뿐만 아니라 다른 공관에서 보내오는 전문도 읽어야 한다. 전문에 지시 내용이 있는지 파악해 이행하는 일이 급선무다. 처리해야 할 일이 여러 건이면 전략적 사고 능력이 필요하다. 중요도와 우선순위를 정해 대처하고 해결해야

한다. '지급'으로 보고해야 할 지시가 있으면 바로 주재국 외교부 담당자와 면담 약속부터 잡아야 한다.

그런데 본부에서는 전문만 오는 것이 아니다. 외교부는 매일 오전과 오후 두 차례 우리나라의 외교 관련 언론보도 내용을 스크랩해서 보내온다. 그중에 주재국과 관련된 기사가 있는지 확인하고 추가 확인이 필요하면 주재국과 접촉해 보고해야 한다. 본부는 물론이고 전 세계에서 벌어지고 있는 우리나라 외교와 관련한 동향을 파악하지 않고서는 외교업무를 제대로 하기 어렵다. 아무리 바빠도 본부에서 보내온 언론 스크랩을 대충이라도 훑어보아야 한다. 그다음 할 일은 현지 언론을 모니터링하여 본국에 보고하는 일이다. 주재국의 동향을 파악하는 가장 일차적인 수단은 현지 신문, 방송 등 언론보도다. 필요할 경우에는 주재국 인사를 접촉해 보도의 진위 여부와 추가내용을 파악하고 공관의 관찰 및 평가 내용을 추가해 보고해야 한다.

외교관은 주재국은 물론, 자국에 대해서도 해박한 지식을 가져야 한다. 특정 사안에 대해 파악하려고 주재국 인사와 만날 때 우리가 궁금한 사항만 물어볼 수는 없다. 상대방이 "한국은 어떻게 하나요?"라고 물을 때 답변할 수 있어야 한다. 각종 행사나 모임에서 수많은 사람을 만나 대화를 해야 하는데, 한국과 관련하여 예상되는 질문에 대답할 준비가 되어 있지 않으면 낭패를 보기 쉽다. 주재국과 한국의 동향을 이해하는 것만으로는 부족하다. 평소 양국과 관련된 현안들을 속속들이 파악한 후 분명한 입장을 갖고 상대에게 충분히 설명할 수 있도록 정리가 되어 있어야 한다. "외교관은 끊임없이 공부해야 하는 직업"이라고 말하는 이유도 여기에 있다.

외교관에게 문서 업무가 중요하긴 해도 매번 문서의 숲에 빠져 지낼 수는 없다. 본부

지시사항을 이행하고 나면 공관 자체 사업도 진행해야 한다. 본부에서 공식 대표단이나 방문자가 오면 면담이나 행사를 주선하고 함께 가서 만나야 한다. 또한 외교관으로서 주재국 인사와의 인적 네트워크를 구축하는 일도 가장 기본적인 직무 중 하나다. 외교는 국가 대 국가의 관계지만, 그 일을 수행하는 것은 결국 사람이기 때문이다. 나라마다 관행이나 사정에 다소 차이가 있겠지만, 외교관은 직급에 따라 만나는 상대가 정해져 있다. 직급이 낮은 사람이 직급이 높은 사람과 공식적으로 만나기는 어려울뿐더러, 설사 만난다 해도 외교적 결례로 비칠 수 있다. 과거 내가 외교관 생활을 하던 시절에는 주재국 외교부 카운터파트너의 자택 전화번호를 받아 내는 것이 중요했다. "주말이나 저녁이라도 괜찮으니 언제든지 전화하라"는 말을 들으면 최상의 관계였다. 주재국 외교부 직원이 적극적으로 도와주지 않으면 현지에서 외교 활동을 제대로 하기 어렵다. 외국인과 그 정도로 친밀한 관계를 쌓으려면 사무실에서 공식적으로 만나는 것만으로는 부족하다. 수시로 식사도 하고 취미 생활도 함께 하면서 친밀한 관계를 이어 가야 한다. 외교관에게 가장 큰 자산은 '사람'이고, 그 자산을 유지하거나 키우려면 사람들 속에서 협력하고 더불어 살아갈 수밖에 없다.

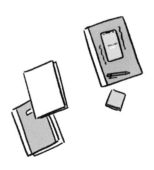

Q&A

외교관의
휴일은 언제인가요?

사람과 업무의 숲에 둘러싸여 사는 재외공관 외교관의 바쁜 일상을 보면서 이런 질문을 던지는 청소년들도 있을 듯하다.

"그럼 외교관은 언제 쉬어요?"

물론 재외공관에서 일하는 외교관에게도 공식 휴일이 있다. 바로 재외공관의 공휴일이다. 우리나라의 국경일, 주재국의 공휴일, 그리고 외교부 장관이 지정하는 날 등이 여기에 해당된다. 언뜻 생각해보면 공휴일이 많은 나라에서 근무하는 외교관이 부러울 법도 하다. 수년 전 미국 경제뉴스 전문방송인 CNBC는 '법정 공휴일이 많은 나라 Top 10'을 소개한 바 있는데, 4위 볼리비아를 제외하면 1위 영국, 2위 폴란드 등 'Top 10' 중 무려 9곳이 유럽 지역 국가였다. 해당 유럽 국가들에 주재하는 우리 재외공관들이 선망의 대상이 될 법도 하다. 하지만 외교관은 '쉬어도 쉬는 게 아닌' 직업 중의 하나다. 현지의 재외국민 동향을 수시로 파악해야 하는 데다, 사건이나 재해 등이 휴일을 피해 발생하지는 않기 때문이다.

모든 길은
외국어로 통한다

유네스코 일을 하는 동안 초등학생부터 대학생에 이르기까지 외교관과 국제기구 진출이 꿈이라는 수많은 학생들을 만났다. 이들의 한결같은 질문은 "지금부터 제가 무슨 준비를 해야 하나요"였다. 프로그램에 참가한 학생들과 함께 온 부모들에게도 그런 질문을 많이 받았다. 외교관이나 국제기구 직원이 되려는 사람에게 현실적으로 가장 필요한 것은 다름 아닌 언어 소통 능력이다. 상대방의 말을 경청하려 해도, 나의 의사를 전달하려 해도 서로 소통할 수 있는 언어가 없으면 불가능하다. 외교관에게 "모든 길은 외국어로 통한다"고 말하는 이유도 여기에 있다.

현재 전 세계에는 모두 7,097개의 언어가 존재한다. 유엔은 이 가운데 가장 영향력이 큰 6개 언어를 국제공용어로 사용하고 있다. 영어, 프랑스어, 중국어, 스페인어, 러시아어, 아랍어. 유엔과 산하국제기구들은 이 공용어로 회의를 진행하며, 통역도 공용어로만 제공된다. 유엔의 경우 웹사이트(홈페이지)도 6개 공용어별로 각각 운영하고 있다. 외교관, 또는 국제기구 직원으로 활동하려면, 이 6개의 공용어 가운데 가장 널리 쓰이는 영어는 물론 제2외국어도 한 가지 이상 익혀야 한다. 특히 영어의 중요성은 아무리 강조해도 지나치지 않는다.

영어를 잘한다고 반드시 외교관으로서 성공하는 것은 아니지만 영어를 잘하지 못하는 외교관은 상상하기 어렵다. 우선, 외교관후보자 선발시험에 합격하기 위해서도 그렇고, 외교부에 들어오면 평생 영어로 일을 해야 한다. 더욱이 요즘은 공공외교 시대다. 공관장은 물론 일반 외교관도 한국을 알리고 주재국과 관계를 강화하기 위해 현지 국민을 상대로 다양한 외교 활동을 해야 한다. 이때 현지 언어를 구사할 수 있다면 금상첨화겠지만 최소한 영어만큼은 소통에 불편이 없을 정도로 사용할 수 있어야 한다.

유엔, 제네바, 오이시디(OECD) 등 국제기구에서 다자외교를 하는 우리나라 외교관에게 영어 구사 능력은 더욱 중요하다. 유엔 공용어 사용국의 외교관은 통역이 제공되므로 자국어로 발언하면 되지만, 우리나라 외교관은 외국어인 유엔 공용어로 발언해야 한다. 대부분의 경우 영어로 발언하게 되는데, 순발력 있게 묻고 대답할 정도는 되어야 한다. 국제회의에서는 발언할 내용을 미리 준비해 가도 실제로는 논의의 흐름에 따라 수정해야 할 때가 많다. 특히 다른 나라 대표가 우리나라와 관련한 문제를 제기하거나 질문을 할 경우, 영어 실력이 뒷받침되지 않으면 제대로 대응하기가 어렵다. 외교관에게 외국어는 가장 기본적인 소통의 수단이자 최고의 무기 중 하나다. 만약 외계어가 공용어로 쓰인다면, 외계어라도 배워야 한다는 우스갯소리도 그래서 나온다.

외국어를 얼마나 잘해야 하나요?

당연한 말이지만 영어 실력은 완벽할수록 좋다. 최근엔 외교를 '공감의 예술'이라고도 하는데, 어눌한 영어로는 다른 나라 외교관의 공감을 끌어내기가 어렵다. 영어로 유머를 나누고, 스토리텔링을 할 수 있는 정도는 돼야 일단 합격점을 줄 수 있을 듯하다. 내가 일선에서 만난 우리나라 외교관 중에서 '영어' 하면 박근 대사가 떠오른다. 그는 제네바 대사와 유엔 대사를 역임한 다자외교 전문가였다.

스위스 제네바는 유엔 유럽본부를 비롯해 국제노동기구(ILO), 세계무역기구(WTO) 본부 등 다수의 국제기관이 모여 있는 국제도시다. 세계 대다수 국가들이 제네바에 대표부를 설치해 운영하고 있는데, 박 대사를 가까이서 뵌 것도 주제네바 대한민국 대표부에서였다.

사무관 시절, 나는 동료들과 제네바로 출장을 가서 박 대사와 '관세 및 무역에 관한 일반협정(GATT)' 회의에 몇 차례 참석한 적이 있다. 새로운 다자간 무역협상 기구의 출범을 위한 국제회의라 각국의 이해가 첨예하게 맞서는 자리이기도 했다. 회의 장면을 지켜보면서, 국제회의장이 마치 영어를 유창하게 구사하는 외교관들의 경연장 같다는 생각이 들었다. 각 나라 대표마다 발언에 특색이 있었는데, 우리나라 대표들의 경우 대체로 핵심 위주로 간략하게 발언하는 편이었다.

사실 초임 외교관이 베테랑 외교관과 대사들이 즐비한 국제회의장에서 제때에 입장을 표명하고 전체 논의에 기여하기는 쉬운 일이 아니었다. 평소 영어를 능숙하게 해도 회의 분위기에 주눅 들기 마련이었다. 박 대사는 젊은 후배 외교관들이 너무 긴장하지 않도록 이렇게 격려하곤 했다.

"영어가 우리 모국어가 아니니 좀 틀려도 괜찮아.
사실 저 사람들도 잘못해. 걱정 말고 자신 있게 해!"

때론 옆에 앉은 나와 동료들에게 직접 발언해 보라며 마이크를 불쑥 내밀기도 했다. 몸으로 부딪혀 현장영어를 체득하라는 짓궂은(?) 배려였다. 박 대사의 말처럼 영어는 자신감이다. 화려하지 않아도 괜찮으니 각 나라 대표들의 유창한 외국어 실력에 주눅 들지 말자. 매일 꾸준히 영어회화를 늘려간다면 원하는 방향대로 외국어 구사 능력을 갖출 수 있을 것이다.

외교관 준비에 도움 되는
외국어 공부가 있나요?

외교관을 꿈꾸는 사람에게 가장 필요한 것은 언어 소통능력이다. 외교관에게 영어는 기본이고 외국어를 하나 더 잘해야 한다. 어떻게 하면 외국어 능력을 늘릴 수 있을까? 영어교수법의 창안자인 미국 서던캘리포니아대학교(University of Southern California) 스티븐 크라센(Stephen Krashen) 석좌교수는 2016년 3월 국내 일간지와 인터뷰에서 이렇게 말했다.

> "독서는 외국어를 배우는 최상의 방법이 아니다. 그것은 유일한 방법이다."
> "영어로 된 책을 많이 읽을수록 영어 단어와 문법을 잘 아는 것은 물론
> 토익·토플 점수도 높게 나온다."

외국어는 공부하는데 시간이 많이 걸리기 때문에 한 살이라도 더 어릴 때부터 공부하는 것이 좋다. 초등학생 때는 3개 이상의 외국어를 할 수 있다. 외국어 공부를 잘하려면 무엇보다 외국어를 왜 해야 하는지 자기 나름대로 분명한 이유가 있어야 한다. 장차 외교관이 되는 꿈을 이루려는 열망은 외국어를 잘 해야겠다는 동기부여가 될 수 있다. 외국어를 잘하려면 외국어 공부에 푹 빠져야 한다. 새로운 단어나 좋은 표현을

하나 알게 되어 기쁨을 느낀다면 이미 외국어의 매력에 빠졌다고 하겠다.

영어든 제2외국어든 외국어 공부에는 왕도가 따로 없다. 반복 또 반복이 외국어 공부의 비결이다. 갓난아기가 말을 배울 때 무한 반복하는 것처럼 말이다. 엄마가 아기에게 끊임없이 반복한 말이 아기의 머릿속에 축적되어 어느 순간 아기 입에서 말이 튀어나오는 것이다. 외국어는 머리로 이해하는 과목이 아니라 입에서 저절로 나오게 하는 것이 핵심이다. 한국어가 우리 입에서 저절로 나오듯이 외국어도 저절로 나와야 한다. 연습에 연습이 필요하다. 반복적으로 문장을 외워 자기 것으로 만들고 자연스럽게 나오게 해야 한다. 단어도 개별적으로 외우기보다 문장 속에서 이해하고 외워야 더 빨리 자기 것이 된다. 문장을 외울 때 나중에 꼭 써먹어야겠다는 마음을 가지면 훨씬 더 현실감이 들 것이다. 요즘은 마음만 먹으면 얼마든지 혼자서도 외국어를 배울 수 있다. DVD 교재든 온라인 학습이든 학원이든 각자 사정에 따라 좋은 방법을 찾아 공부하자.

외국어 능력은 말하기, 듣기, 읽기, 쓰기 등 네 가지다. 각 능력에 대해 자세히 살펴보기로 하자.

① 말하기 능력

가장 기본이 되는 능력이다. 자신의 의사를 정확히 표현하기 위해서다. 말하기를 잘하려면 입에서 저절로 나올 정도로 반복하여 연습하는 것이 좋다. 나는 책이든 신문이든 좋은 표현이 나오면 수첩에 문장을 적고 무조건 외웠다. 언젠가 그 수첩이 최고의 '보물창고' 역할을 했다. 하루에 한 문장만 외워도 1년이면 365개의 문장을 자기 것으로 만들 수 있다.

② 듣기 능력

듣기 능력도 당연히 중요하다. 상대방이 하는 말을 알아듣지 못하면 대화가 이루어질 수 없다. 듣기 능력을 기르려면 가급적 많이 들어서 귀가 뚫려야 한다. 무엇을 들으면 좋을까? 나는 청취력을 높이는 방법 중의 하나로 애니메이션 드라마나 영화를 권하고 싶다. 무엇보다 재미가 있어서 좋다. 여러 개를 보기보다 한두 가지를 반복하여 보는 것이 더 효과적이다. 얼마나 반복해야 하나? 수십 번 반복하여 거의 외우겠다는 마음으로 반복해 보자. 어느 순간 귀가 뻥 뚫리는 것을 경험하게 될 것이다.

③ 읽기 능력

읽기 능력도 중요한 능력이다. 문서나 책을 읽고 정보를 얻기 때문이다. 토익, 토플 등 영어검정시험도 방대한 지문을 제시하고 독해 능력을 평가한다. 읽기 능력을 기르려면 어떤 방법이 좋을까? 판타지 소설이나 추리소설을 반복하여 읽는 것도 좋은 방법이다. 재미가 있으니 푹 빠져들게 된다. 특히 추리소설은 좋은 표현으로 가득한 보물창고다. 처음 읽을 때는 모르는 단어가 나와도 그냥 읽는다. 대충 어떤 내용인지 파악이 될 것이다. 다시 한번 읽으면서 사전을 찾아 모르는 단어의 뜻을 파악하고 좋은 표현에 밑줄도 긋자. 공책에도 기입하여 수시로 암기하여 자기 것으로 만들자.

또한 매일 한글 및 영문 신문 사설을 하나씩 골라 소리 내어 읽기를 권한다. 사설은 국제 및 국내의 시사문제에 관한 편집자의 개인 의견이나 주장을 써 내린 글이다. 사설을 읽으면 사회 이슈에 대한 지식을 얻을 수 있을 뿐만 아니라 글쓰기에도 도움이 된다. 글을 쓰는 전개 방식은 물론, 좋은 표현도 익힐 수 있다. 사설의 주제는 너무 특

정한 분야로 제한하지 말고 다양한 분야로 확대하는 것이 좋다. 한글 사설과 영문 사설을 매일 한 개씩 읽으면 1년에 700개가 넘는 사설을 읽을 수 있다. 당연한 말이지만 사설 읽기를 실천하는 사람과 그렇지 않은 사람 사이에는 나중에 엄청나게 큰 차이가 나타날 것이다. 영문 사설을 소리 내어 읽으면 영어에 대한 혀의 적응력을 높일 수 있으니 일석이조이다. 영어발음을 교정하고 청취력을 높이는 데에도 도움이 된다.

④ 쓰기 능력

외교관에게 쓰기 능력이 얼마나 중요한지는 아무리 강조해도 지나치지 않는다. 그렇다면 어떻게 해야 쓰기 능력을 키울 수 있을까? 우선 좋은 영문 글을 찾아 많이 읽고 쓰는 연습을 해야 한다. 자기가 쓴 글을 누가 고쳐주면 더욱 효과적이다. 즉, 쓰고 고치는 첨삭(添削) 연습을 많이 해야 한다. 쓰기 능력을 기르는 좋은 방법 중 하나는 매일 영어로 일기를 쓰는 것이다. 이때 일기를 한글로 쓰고, 영어로도 병행해 쓰는 것이 중요하다. 한글로 쓴 내용을 그대로 영어로 옮겨 쓰면 시간을 절약할 수 있다. 몇 줄짜리 간단한 내용이라도 좋으니 하루도 빠지지 않고 한-영 일기 쓰는 습관을 길러보자. 물론 매일 일기를 쓰려면 부지런해야 한다. 1줄이라도 좋다. 처음부터 분량이 많으면 작심삼일이 될 수 있으니 욕심을 내지 말자. 쓰기 연습을 하는 또 한 가지 방법은 영어 사설을 이용하는 것이다. 영어 사설 내용을 먼저 한글로 번역한 후 번역한 글을 다시 영어로 번역해 원문과 비교해 보는 것이다. 한글이든 영문이든 좋은 표현이 나오면 메모하고 암기하여 자기 것으로 만들어보자.

Q & A

외교부에서는
외국어 교육을 어떻게 하나요?

'외교부에 입부해 정식 외교관이 되면, 혹시 외국어 공부로부터 자유로워질 수 있을까?' 외국어를 힘들게 익히느라 고생한 이들이라면 떠올릴 법한 질문이다. 하지만 외교관에게 외국어란 가장 큰 자산이자 가장 강력한 무기이다. 외교관이 되는 순간부터 오히려 더 갈고닦아야 할 능력이 바로 외국어 실력이다.

외교부는 직원들의 영어와 제2외국어 능력을 끌어올리기 위해 초임 사무관들을 해외에 연수를 보내기도 하고, 주기적으로 직원들의 영어능력평가(1~5등급)를 실시한다. 영어와 제2외국어에서 일정 수준의 등급을 받지 못하면 승진과 재외공관 발령에서 불이익을 받게 된다.

> **영어능력평가**
>
> - 1등급: 동시통역 수준
> - 2등급: 유창한 수준
> - 3등급: 능숙한 수준
> - 4등급: 무난한 수준
> - 5등급: 미흡한 수준

이 가운데 4등급은 "어휘와 문장은 제한된 범위 내에서 대체로 적절히 구사되고 있으나 보다 복잡한 문장 구조에서는 정확성이 떨어지고, 단어 구성, 철자 등에 다소 부정확성이 있으나 의미 전달에 중대한 영향은 없는 수준"을 말한다.

최하등급인 5등급은 "어휘 사용의 적절성이나 문장구성력이 제한되어 짧고 간단한 문장에서도 오류가 나타나거나 시제 일치 및 주어, 동사 일치의 부정확성이 발견되고 단어 구성과 철자 오류가 빈번한 수준"이다.

외교관이라면, 원어민 수준으로 외국어를 구사할 수는 없더라도 말과 글로 의사를 정확하게 표현하고 협상에서 상대를 설득할 수 있을 정도의 외국어 실력을 갖추어야 한다. 이제 자신의 외국어 능력을 한 번쯤 점검해보고, 나는 과연 몇 등급일지, 스스로 등급을 부여해 보자. 그 과정에서 자신이 보완해야 할 부분을 발견할 수 있을 것이다. 외교관이 되고자 마음먹었다면 외국어를 숙명으로 받아들여야 한다.

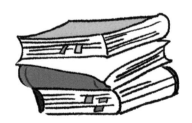

제2외국어로
어떤 언어를 택해야 할까요?

외교관이 되려면 영어와 함께 최소한 1개 이상의 제2외국어를 익혀야 한다. 우리나라는 다양한 문화권의 국가들과 외교 관계를 맺고 있으며 이 가운데엔 영어를 공용어로 쓰지 않는 국가들도 많다. 비영어권 국가에서도 외교관 대 외교관의 공식 만남에는 영어가 주로 쓰이지만 다양한 계층과 만나게 되는 일선 현장에서는 사정이 다르다. 재외공관에서 근무할 때 영어만 알고 현지어 구사 능력이 없으면 반쪽짜리 외교관이 되기 쉽다. 반면 현지어 구사 능력까지 갖춘 외교관은 주재국에서 좀 더 특별한 관심을 받게 마련이다. 한국어로 우리 국민과 늘 소통하며 사랑을 받았던 캐슬린 스티븐스 전 주한 미국 대사의 경우를 떠올려 보면 이해가 쉬울 듯하다. 현지어를 잘 아는 외교관의 인맥과 정보는 그렇지 못한 외교관의 인맥 및 정보와 질적으로 차이가 날 수밖에 없을 것이다. 외교관에게 영어 이외에 구사할 수 있는 외국어가 더 있다는 것은 '기회가 더 열려 있다'는 말과 다르지 않다.

외교관후보자 선발시험 과목에도 제2외국어가 포함돼 있다. 나는 외무고시를 볼 때 제2외국어로 러시아어와 독일어를 선택했지만, 실제 외교관 생활을 하는 동안 두 외국어를 사용할 기회를 거의 갖지 못했다. 오랫동안 많은 노력을 기울여 공부했는데 제대로 활용하지 못해 아쉬움이 컸다. 그렇다면 어떤 외국어를 제2외국어로 선택하는 게 좋을까?

결정에 앞서, 먼저 자신이 어느 문화권에 더 관심이 있는지, 어떤 지역에서 일하고 싶은지 심사숙고할 필요가 있다. 제2외국어를 익히는 것은 해당 언어를 사용하는 국가들에 대한 전문성을 키우는 것과 다르지 않기 때문이다. 이왕이면 내가 관심 있는 국가의 언어를 선택하는 것이 좀 더 흥미롭게 배울 수 있으니 말이다.

가령 중남미 국가에 관심이 많다면 제2외국어로 스페인어를 선택하는 것이 유리하다. 포르투갈어를 쓰는 브라질을 제외한 대부분의 중남미 국가들은 스페인어로 의사소통을 한다. 주요 외국어별로 사용 국가를 알아보면, 중국어는 중국·홍콩·대만, 러시아어는 러시아와 CIS 국가, 프랑스어는 프랑스·벨기에·아프리카, 스페인어는 스페인과 중남미 지역에서 주로 쓰인다. 이 외국어들 중 하나를 잘 구사하는 외교관은 특히 과장이 되기 전까지는 해당 국가에 주재하는 공관과 본부의 관련 부서를 오가며 경력을 쌓을 가능성이 크다.

제2외국어 중에서 중국어와 일본어는 그간 우리 외교관들 사이에서 알게 모르게 선호의 대상이 되어 왔다. 우리나라 외교에서 중국과 일본이 차지하는 비중이 상당히 클 뿐만 아니라 현지 우리 대사관의 규모가 크고, 여러 지역에 총영사관이 개설돼 있기 때문이다. 실제로 외교부 안에는 중국어와 일본어 인력 풀이 두텁다. 최근에는 중국어와 일본어 두 언어를 모두 구사하는 외교관들도 늘고 있다.

반대의 경우도 있었다. 한때는 프랑스어를 제2외국어로 선택하면 아프리카 국가로 발령받을 가능성이 크다 하여 외교부 직원들이 프랑스어를 기피하기도 했다. 하지만 이런 선택은 결코 현명한 결정이 아니었다고 생각한다. 과장급이 되기 전에는 모든 외교관이 순환근무 인사원칙에 따라 아프리카든 중동이든 한 번은 험지에 가서 근무해야 하기 때문이다. 더욱이 프랑스어는 국제무대에서 영어 다음으로 많이 쓰이는 언어이기도 하다.

외교관이라면 지역 및 분야에서 각각 하나씩 전문성을 갖는 것이 바람직하다. 자신이 앞으로 일하고 싶은 분야가 있다면 그 분야에 맞춰 제2외국어를 선택하는 것도 한 가지 방법이다. 가령 장차 유네스코와 관련된 업무를 맡고 싶다면 프랑스어를 제2외국어로 선택하는 것이 유리할 것이다. 유네스코 본부가 프랑스 파리에 있고, 유네스코 외교도 파리를 배경으로 펼쳐지기 때문이다. 따라서 내가 관심이 있는 나라, 배우고 싶은 언어, 앞으로 일하고 싶은 분야 등 조건을 고려하여 신중하게 결정하는 것이 좋다.

좋은 외교관이 되기 위한
5가지 습관

① 깨어나면 웃기

사람은 살아가는 동안 평균 10만 명의 사람을 만난다고 한다. 외교관처럼 사람을 많이 상대하는 직업이라면 아마도 훨씬 더 많은 사람과 만나게 될 것이다. 그런데 그 만남이 계속 이어질지, 아니면 일회성으로 그칠지는 첫인상이 좌우한다고 한다. 특히 해외에서 '대한민국의 얼굴'로서 외국인을 상대해야 하는 외교관은 밝고 좋은 인상을 주는 것이 무엇보다 중요하다. 평소 내가 사람들에게 어떤 인상을 줄지 추측해 볼 수 있는 방법이 하나 있다. 아침에 일어나자마자 화장실 거울에 비친 자기 얼굴을 살펴보자. 아마도 비몽사몽 잠에서 완전히 깨어나지 못해 이마와 눈살을 찌푸리는 얼굴일 가능성이 크다. 스트레스가 쌓이는 일상 속의 모습도 이와 비슷할 수 있다.

이제부턴 아침에 깨어나면 무조건 1분간 활짝 웃어 보자. 이렇게 자기 얼굴을 환하게 바꾸고 하루를 시작하면, 자신도 모르는 사이에 남들에게 좋은 인상을 심어줄 수 있다. 그러다 보면 자연스럽게 친화력이라는 선물도 얻을 수 있을 것이다.

② 손에서 책을 놓지 않기

외교관은 아는 것이 많아야 한다. 세계경제 동향, 각국의 사정, 국제정치의 흐름 등 외교관으로 일을 하는 데 기본적으로 알아야 할 것도 있지만, 일반 상식을 포함해 전문적인 지식까지 두루 알아야 한다. 단순히 대화를 하기 위해 많이 알아야 하는 것이 아니다. 바로 문제해결 능력을 기르기 위해서다. 외교관은 복잡한 외교 이슈를 해결할 수 있는 능력을 갖추어야 한다. 통찰력을 키우는 효율적인 방법 중 하나가 바로 독서다. 다양한 책을 읽고 그 책의 핵심 내용과 메시지를 메모지 1장, 몇 줄의 글로 요약하는 습관을 기르자. 앞서 말했듯이 외교관은 평생 공부해야 하는 직업이므로 손에서 책을 놓아서는 안 된다.

③ 꼭 답신하기

외교도 결국 사람이 하는 일. 외교관에게 실력과 함께 중요한 것이 인간관계이다. 인간관계는 만남에서 시작되고 그 만남을 어떻게 발전시키느냐는 자신의 몸가짐이나 행동, 즉 처신에 달려 있다. 인간관계에서 가장 중요한 요소는 바로 신뢰이다. 믿을 수 없는 사람이라는 인상을 주는 순간 인간관계는 지속될 수 없다. 휴대폰으로 전화가 왔는데 불가피한 사정으로 못 받게 되는 경우, 가급적이면 우선 문자로 양해를 구하고 나중에 잊지 말고 답신 전화를 꼭 하자. 요즘은 카톡이든 전화든 누가 연락을 했는지 다 확인이 가능하다. 답신을 하지 않으면 상대방이 무시당했다고 생각할 수 있다. 문자메시지도 마찬가지다.

약속시간을 지키는 습관도 매우 중요하다. 특히 여러 사람이 만나는 모임에 늦으면 모든 사람의 시간을 빼앗는 것이나 다름없다. 외교부에서 신입직원들이 선배들

에게서 많이 듣는 충고 중 하나는 "열 명의 친구를 만드는 것보다 한 사람의 적을 만들지 않는 것이 더 중요하다"는 것이다. 내가 상대편을 존중하고 있음을 알리는 가장 기본적인 방법은 늦더라도 회신을 꼭 하고, 한 번 정한 약속을 지키기 위해 최선을 다하는 것이다.

④ 메모를 일상화하기

요즘에는 상사에게 결재를 받으러 갈 때 메모지와 필기도구도 가져가지 않는 직원이 의외로 많다. 하지만 사람의 기억력에는 한계가 있다. 이 한계를 극복시켜 주는 것이 바로 메모하는 습관이다. 세기의 과학자인 아인슈타인은 젊은 시절부터 틈나는 대로 생각을 기록한 메모광으로 유명했다. 메모는 누구에게나 중요한 습관이지만, 모든 일을 정확하게 처리해야 하는 외교관에게는 특히 더욱 중요하다. 외교관이 잘못 파악하거나 전달한 의미 하나가 국가 간에 큰 파장을 부를 수도 있다. 하지만 평소 메모를 습관화하면 일을 정확하게 처리할 수 있을 뿐만 아니라 실수를 방지할 수 있다.

나도 메모를 많이 하는 편이다. 지하철로 이동할 때도 아이디어가 떠오를 때마다 메모를 한다. 화장실에서도 메모할 수 있도록 수첩과 필기구를 두고 있다. 심지어 잠을 자는 동안 꿈에 아이디어가 떠오를 때면 잠깐 일어나 서재에 가서 메모를 해 놓기도 한다. 컴퓨터나 스마트폰에 메모를 저장해 두고 키워드로 그 내용을 찾아볼 수 있도록 문서화한다면, 쉽게 자신만의 아이디어 보물창고를 만들 수 있다. 평소 메모를 충실히 남겨놓으면 훗날 책을 쓸 때도 큰 도움이 된다. 최소한 행사 이름, 날짜와 장소, 사람 이름, 자기의 생각, 특기사항 정도는 간략하게라도 메모해 두는 습관을 갖자.

메모할 상황이 안 된다면 휴대폰에 녹음했다가 퇴근 후 옮겨 적는 방법도 있다.

⑤ 취미 생활 즐기기

외교관으로 오랜 세월을 보내면서 때로 다른 사람들이 부러웠던 순간이 있었다. 바로 음악이나 그림, 노래 등으로 자신의 마음과 메시지를 전하는 외교관들을 볼 때였다. 아쉽게도 나는 악기를 다룰 줄 모른다. 피아노나 바이올린은 물론이고 기타도 연주할 줄 모른다. 마흔이 넘어 피아노를 배워 보겠다고 시도를 했다가 손가락이 원하는 대로 건반 위에서 움직여 주지 않아 결국 포기했다. 각종 모임에서 취미로 익힌 피아노나 기타를 연주하는 사람들을 보면 아직도 부럽다. 내가 악기를 하나라도 다룰 줄 알았다면 나의 삶이 훨씬 더 풍성해지지 않았을까? 생각해 본다. 외교관으로서 다른 이들과 소통하는 데도 큰 도움이 됐을 것이다. 외교관 생활을 하다 보면 이런저런 모임에 참석해야 할 경우가 많다. 업무를 위해서도, 또 친분을 넓히기 위해서도 참석자들에게 좋은 인상을 남기는 것이 중요하다. 그런데 때로는 한 곡의 노래나, 기타 연주가 십수 번의 악수나 여러 장의 명함보다 큰 위력을 발휘하는 모습을 보았다. 음악이야말로 만국공용어이고, 가장 아름다운 소통의 도구이기 때문이 아닐까 하는 생각이 든다.

과거 아세안지역안보포럼(ARF) 회의에서는 매년 폐막 직전에 2~3개국 외교장관들이 기지 넘치는 장기자랑을 펼치곤 했다. 이 같은 뒤풀이를 통해 날 선 대화와 딱딱한 연설문 대신 노래나 춤, 연극 등으로 저마다 부드러운 메시지를 전했던 것이다. 1997년 동남아 외환위기 당시 매들린 올브라이트 미 국무장관은 '아르헨티나여 울지 말아요(Don't cry for me Argentina)'를 개사한 '아세안이여 울지 말아요'를 불러 화제가 되기도 했다. 나는 인생의 선배로서, 또 외교관 선배로서 여러 후배들이 틈틈이 음악이나 스포츠 등 취미 생활을 즐기기를 권한다. 적절한 취미 생활은 삶을 윤택하게 하고, 그러한 취미 활동을 통해 더 많은 이들과 소통과 교감을 나눌 수 있기 때문이다.

DIPLOMAT

3

외교관으로 　 살아가기

실전 외교관
엿보기

내가 영국에서 첫 해외근무를 하고 있을 때였다. 월요일 아침 직원회의가 열리자마자 강영훈 대사가 "민 서기관, 우간다로 발령이 났어"라고 통보를 했다. 몇 달 후면 3년 임기를 마치고 본부에 돌아갈 것으로 기대하고 있던 나에게는 청천벽력과도 같은 통보였다. '아프리카, 그것도 내전이 격화되고 있는 우간다라니!' 가슴이 철렁했다. 회의가 끝나자마자 외신관실에 내려가 본부에서 보내온 전문을 살펴보았다. 장관의 지시는 다음과 같았다.

'우간다에 긴급 상황이 벌어졌으니 민 서기관을 급히 파견해 대응하게 하라.'

당시 우간다는 내전 중이었다. 약 20만 명을 살해한 잔혹한 독재자 밀턴 오보테 정권을 상대로 무세베니(현 대통령)가 반정부 전쟁을 벌이고 있었다. 북한은 군사교관단을 파견해 밀턴 오보테 정권을 지원하고 있었다.

국내 일간지에 우간다 내정에 관한 기사가 실렸다. 짤막한 '팩트' 기사인데도 북한은 "남한이 우간다에 적대정책을 취하고 있다"고 모함했다. 밀턴 오보테 정권은 강석홍 주우간다 대사를 '기피인물(persona non grata)'로 선언하고 일주일 안에 우간다를 떠나라고 요구했다. 사실상 추방이나 마찬가지였다. 밀턴 오보테 정권은 조만간 우리 대사관을 철수시키고 외교관계도 단절할 기미까지 보였다. 우간다는 아프리카 외교 거점국가 중 하나로 꼽힐 정도로 중요한 나라였다. 당황한 외교부 본부가 우선 나를 '소방수'로 긴급 투입하기로 결정했던 것이다. 그때 우간다 대사 관에는 대사와 세 명의 정규 외교관이 있었다. 그런데 그중 한 명이 총상을 입고 바로 며칠 전 런던으로 긴급 후송돼 왔다.

우간다 수도인 캄팔라 시내로 들어가던 중 무장 강도를 만나 한쪽 다리를 꿰뚫 은 총상을 입고 차량을 빼앗겼다고 했다. 또 한 명의 직원은 임신한 부인이 의료 시설이 극히 열악한 우간다에서 출산을 할 수 없어, 본부의 특별 허가를 받아 부 부가 함께 조기 귀국했다. 며칠 이내에 대사가 우간다를 떠나면 참사관이 혼자 공 관을 지키며 모든 일을 다 처리해야 하는 상황이었다. 내게 주어진 미션은 우간다 에 가서 참사관을 도와 공관 폐쇄와 외교관계 단절을 막으라는 것이었다. 파견기 간은 일단 한 달, 상황이 호전되지 않으면 더 연장될 수도 있었다.

나는 즉시 짐을 꾸려 케냐 나이로비를 거쳐 우간다로 향했다. 예측하기 어려운 앞날 때문에 마음이 불안하고 초조했다. 나이로비 공항에서 이륙한 우간다행 항공기는 구식 프로펠러 비행기였다. 굉음이 나고 자꾸 기체가 흔들렸다. 자칫하면 추락할 것만 같아 가뜩이나 불안한 마음을 더욱 옥죄었다. 긴 비행 끝에 마침내 우간다 엔테베 국제공항에 도착했다. 1976년 이스라엘을 이륙한 에어프랑스 여객 기가 공중 납치돼 중도 착륙하자, 이스라엘 특공대가 특수작전을 벌여 자국민을 구출한 곳으로 유명한 공항이다. 차량으로 수도인 캄팔라 시내로 이동하는 동안 다섯 곳에서 검문을 받았다. 어떤 무장 군인은 나를 북한에서 온 사람으로 여겼 는지 "나도 평양을 갔다 왔다"라고 자랑했다. 나는 아무 대꾸도 하지 않고 그저 미 소만 지었다. 캄팔라 시내에 들어서자 AK 자동소총을 든 북한 군인들을 곳곳에 서 목격할 수 있었다. 우간다는 북한의 독무대였다.

나는 대사가 출국할 때까지 호텔에 머물러야 했다. 호텔이라고 해야 단층 건물에 우리나라 여인숙보다 못한 시설이었다. '이런 데가 하루 200달러라니!' 날이 저물어 어두워지면 밖에서는 콩 볶는 듯한 거센 총격전 소리가 들려왔다. 거리에선 셰퍼드 개가 숨넘어가듯 요란하게 짖어댔다. 모기가 왱왱거리며 귓전을 맴도는데 타깃이 될 까 봐 전등을 켤 수도 없었다. 영국을 떠날 때부터 키니네(말라리아 치료약)를 복용하 고 있었지만, 얼마 전 파견관 부자가 말라리아에 걸렸다는 이야기를 들은 터라 불안 했다. 얼른 모기를 잡아야겠다고 잠시 불을 켰는데 조도가 낮아 모기가 보일 리 없었 다. 전등을 끈 후 이불을 뒤집어쓰고 잠을 청해 보았지만, 불안감과 무더위로 인해 잠 을 이룰 수 없었다. 마치 창살 없는 감옥 같은 그곳에서 무려 3일을 갇혀 지내야 했다.

강석홍 대사가 우간다를 떠나자 나는 대사 운전기사와 함께 대사관저로 거처 를 옮겼다. 캄팔라 밤거리는 무법천지와 같았다. 정부군과 경찰, 반군이 밤이 되면 대부분 강도로 돌변했다. 며칠 전에는 소련 무관이 강도에게 습격을 당해 온 가족이 몰살당했다고 했다. 울타리 사이를 뚫고 우리 관저에 몰래 숨어 들어오려는 도둑을 이웃집 사람이 발견하고 총을 쏴 쫓아냈다는 무시무시한 얘기도 들었다. 참사관은 권총을 침대 밑에 두고 자고, 나는 맹수 사냥용 장총을 매일 저녁 허공을 향해 쏴 언제 침투해올지 모르는 강도에게 경고를 보내곤 했다.

나와 같은 시기에 행정관 한 사람이 지원인력으로 우간다에 합류했다. 나는 대사대리인 참사관의 지휘를 받으며 우간다 상황을 본부에 긴급 보고했다. 우간다는 전쟁터나 다름없었다. 캄팔라에서는 차만 있으면 택시 운전으로 평생 먹고살 수 있기에 외국인 차량이 자주 강탈당했다.

하루 일을 마치고 숙소로 이동할 때에는, 얼마 전 대사관 직원이 강도에게 총상을 입고 차량을 빼앗긴 도로를 이용해야 했다. 차를 탈 때마다 머리카락이 곤두서는 듯했다. 암호전문을 수시로 본부에 보내야 하는데 그마저도 여의치 않았다. 인쇄전신 교환 장치인 텔렉스가 바늘이 부러지는 등 자주 고장을 일으켜 숙소에 가는 것을 포기하고 대사관에서 밤을 새우기 일쑤였다. 그렇게 극도의 긴장감 속에서 한 달이 지나갔다. 나는 위험한 상황에서도 마침내 공관 폐쇄와 외교관계 단절을 막으라는 임무를 완수하고 런던으로 돌아올 수 있었다.

나는 단순히 직업으로서의 외교관, 그 이상의 가치와 신념이 외교관의 삶을 지탱해 주는 커다란 원동력 중 하나라고 생각한다. 외교관으로서 국가와 국민을 위해 헌신한다는 확고한 신념이 마음속에 자리 잡고 있지 않으면 온갖 어려움을 견디고 이겨내기 어렵다.

Q&A

외교부의 분야와
구성은 어떻게 되나요?

외교는 크게 양자외교, 다자외교로 구분한다. 양자외교는 미국, 일본, 중국 등 개별 국가와의 관계다. 다자외교는 국제기구, 경제, 문화, 군축, 환경, 인권 등 여러 나라가 관여하는 이슈를 다루는 외교다.

양자외교 분야는 주로 지역별로 나눈다. 크게 아시아, 북미, 중남미, 유럽, 중동, 아프리카 지역으로 나누고 업무의 중요도와 양을 고려하여 담당 조직을 세분한다. 현재 아시아는 아시아태평양국(일본, 서남아시아, 대양주 등), 동북아시아국(중국, 몽골 등), 아세안국(동남아시아)으로 나눈다. 미주는 북미국(미국, 캐나다)과 중남미국(중미, 남미)으로 나누고, 중동과 아프리카는 아프리카중동국으로 통합하고 있다. 지역에 따른 조직의 구분은 필요에 따라 언제든지 바꿀 수 있다.

북한의 핵과 미사일 문제를 포함한 한반도 평화와 안보 문제는 양자외교 분야에 속하지만 우리 안보에 매우 심각한 영향을 미치고 전문성이 필요한 일이므로 '한반도평화교섭본부'라는 별도의 조직을 만들어 업무를 수행한다. 이 조직의 최고 책임자인 한반도평화교섭본부장은 남북한과 미국, 일본, 중국, 러시아가 참여하는 6자회담에 우리나라 수석대표로 참여한다.

다자외교는 크게 경제통상, 국제기구, 개발협력, 국제법률, 공공외교·문화, 재외동포영사 등의 분야로 나눈다. 경제통상 외교에서는 개별국가와의 경제협력, 자유무역협정(FTA) 체결, 기후변화, 환경 분야의 국제협력 등의 일을 한다. 국제기구국은 군축, 국제안보, 인권 등을 다룬다. 개발협력국은 개발도상국에 대한 원조와 협력을 한다. 국제법률국은 외국과 조약을 체결하고 독도 등 우리 영토를 지키는 데 필요한 법률 지원을 제공한다. 공공외교·문화국은 한류 및 문화 분야에서 국제적인 협력과 교류를 하고 공공외교를 한다. 재외동포영사실은 재외국민을 보호하고 지원하는 역할을 한다.

외교 활동을 잘하려면 예산과 인력이 뒷받침되어야 한다. 예산, 인력운영, 홍보, 감사, 의전 등 지원이 원활하지 않으면 외교 활동을 제대로 할 수 없음은 물론이다. 기획조정실은 예산, 인력 및 조직 운영, 국회업무 등 지원업무를 한다. 대변인실은 언론을 통해 국민들에게 외교 활동을 알리고 소통하는 역할을 한다. '장관의 입'이라고 할 수 있는 대변인은 국민들에게 수시로 외교정책에 대해 알린다. 외교도 국민들의 공감을 얻어야 힘을 얻는데, 눈코 뜰 새 없이 바쁜 장관이 매번 외교정책을 설명할 수 없기 때문에 대변인이 장관을 대신하여 외교정책을 알린다.

의전장실은 대통령이 외국을 방문하거나 외국 국가원수가 우리나라를 방문하여 정상회담을 하는 과정에서 의전을 담당한다. 감사(監査)도 중요한 지원 분야다. 감사관실은 외교부 본부, 재외공관, 산하기관에 대해 감사를 한다. 감사는 객관적이고 공정해야하므로 독립성을 보장하기 위해 장관의 직속기구로 둔다. 외교관을 교육·훈련을 시키고 외교정책을 연구하는 역할을 하는 국립외교원도 지원 부서에 속한다.

외교부의 산하기관으로는 한국국제협력단(KOICA), 한국국제교류재단(Korea Foundation), 재외동포재단, 한·아프리카재단 등 4개가 있다. 이 기관들은 외교부의 지침에 따라 외교 활동을 현장에서 실행한다. 한국국제협력단은 대외 무상 협력에 관한 외교부의 정책을 외국 현장에서 실행한다. 한국국제교류재단은 외국에서 한국학 증진 등 한국에 대한 이해를 높이고 우호친선을 증진한다. 재외동포재단은 한인동포들이 해외 거주국에서 존경을 받는 시민으로서 주류사회에 잘 진출하여 성공하도록 돕는 일을 한다. 한·아프리카재단은 아프리카의 중요성을 감안하여 최근에 설립(2018년 6월)된 조직으로 아프리카 국가들과의 교류와 협력을 높이는 일을 한다.

Q&A

직책은
어떻게 정해지나요?

외교부에는 다양한 직책이 있다. 외교부 본부에는 가장 높은 직책으로 장관이 있고 그 아래 제1차관과 제2차관이 있다. 차관 외에 2명의 차관급 직책인 한반도평화교섭본부장과 국립외교원장이 있다. 장·차관과 국립외교원장은 정무직이다. 정무직이란 정치적으로 중요한 보직이라는 의미로 대통령에 책임을 지는 자리다. 장·차관과 차관급 직책은 대통령이 임명한다.

차관 아래에는 직급상 고위공무원단 '가'급에 해당하는 실장급 직책과 고위공무원단 '나'급에 해당하는 국장급 직책이 있다. 실장급 직책에는 차관보, 기획조정실장, 의전장, 다자외교조정관, 경제외교조정관 등이 있다. 실장급 직책은 직업공무원으로 올라갈 수 있는 가장 높은 직책이며 대통령이 임명한다.

국장급 직책은 외교부 장관이 임명한다. 국장에는 아시아태평양국장, 동북아시아국장, 아세안국장, 북미국장, 중남미국장, 유럽국장, 아프리카중동국장, 북핵외교기획단장, 평화외교기획단장, 재외동포영사국장, 원자력·비확산국장, 국제기구국장, 개발협력국장, 국제법률국장, 공공문화외교국장, 국제경제국장, 양자경제외교국장, 기후환경과학외교국장은 물론, 감사관과 국립외교원의 경력교수, 기획부장, 교수부장, 연구부장 등을 포함한다.

국장은 외교부 본부에서 사실상 핵심역할을 한다. 한 개의 국은 대부분 서너 개의 과로 이루어져 있고, 각 과에는 10여 명의 직원이 일한다. 국장이 수십 명의 직원을 거느리고 일하는 셈이다. 국장은 업무량이 엄청나게 많고 지구촌 어디에서 언제 무슨 일이 일어날지 몰라 항상 긴장하며 일해야 한다. 그래서 국장으로 2년 정도 일하면 대부분 재외공관의 대사나 큰 공관의 차석대사 또는 공사로 발령받아 부임한다. 국장이 되고 싶어 기다리는 사람이 많으니 너무 오래 국장 자리를 차지하고 있을 수도 없다. 하지만 어느 직책이든 너무 자주 바뀌다 보면 전문성을 축적하기 어려운 문제점도 있다.

국장 아래 직책으로는 심의관, 과장, 담당관이 있다. 심의관은 부국장이라고 할 수 있는데, 대부분 국별로 한 명이고 국장이 부여한 특정 업무를 수행하는 경우가 많다. 심의관은 국장 직책을 이어받거나 규모가 작은 공관의 대사 또는 총영사로 발령받아 나가기도 한다.

과장은 외교부에 들어가 처음 맡게 되는 직책이다. 이제부터 중견관리자가 되는 것이다. 과장도 장관이 임명한다. 외교관후보자 시험에 합격하여 1년간의 국립외교원 교육과정을 마치고 최종 합격하면 5등급 외교관이 된다. 5등급으로 출발하여 8등급인 과장 또는 담당관 직책을 맡으려면 대략 15년 정도는 지나야 한다. 나이로는 보통 40대가 된다. 외교부에서는 두 개 이상의 과장을 맡기 어렵기 때문에 어느 과장을 맡느냐에 따라 커리어에 큰 영향을 미칠 수밖에 없다. 그래서 인기가 있는 과장 직책은 서로 맡으려고 경쟁이 치열하다.

과장 직책은 가장 열정적으로 일을 할 때다. 10여 명의 직원을 두고 실무적으로 책임을 지고 일을 하는 자리이기 때문에 외교부 생활에서 가장 힘든 시기다. 나는 전 세계 통상 관련 국제기구 업무를 담당하는 통상기구과장으로 2년, 외교부의 예산을 확보하는 임무인 기획예산담당관으로 1년, 모두 3년 동안 과장으로 일했다. 일이 많아서 토요일과 공휴일은 물론이고 매일 자정이 넘어 집에 들어올 때가 대부분이었다. 그래도 돌이켜 보면 과장 때가 가장 성취감이 컸던 것 같다. 직원들과 함께 외교정책을 만들어 윗분들의 결재를 받아 시행하는 보람은 말로 표현하기 힘들다.

재외공관에도 여러 직책이 있다. 우선 대사관과 대표부에서는 특명전권대사, 공사, 공사참사관, 참사관, 1등서기관, 2등서기관, 3등서기관이 있고 총영사관에는 총영사, 부총영사, 영사, 부영사 직책이 있다. 대사는 대통령이 임명하고 공사 이하는 외교부 장관이 직책을 부여한다. 고위급 공사와 총영사 중에 일정 수준 이상의 고위급은 대통령이 임명한다. 미국, 일본, 중국, 러시아 등 규모가 큰 공관은 직원 수가 많아 위와 같은 모든 직책이 있지만 작은 공관은 대사 이하 두세 명의 외교관이 근무하는 경우도 많다. 예를 들어 대사관에 대사, 참사관, 3등서기관 3명이다. 규모가 작은 공관이라도 정부, 경제통상, 문화, 영사, 총무 등 해야 할 일은 많으니 각 외교관이 맡아야 하는 업무량이 많을 수밖에 없다.

대사 vs 공사 vs 영사 어떻게 다른가요?

우리나라 외교조직은 외교부 본부와 재외공관으로 나뉜다. 재외공관이란 외교 및 재외국민 보호 업무 등을 수행하기 위해 해외에 설치된 외교부 장관 소속의 기관을 말한다. 외교부 본부와 재외공관이 하는 역할을 살펴보자.

● **외교부 본부:** 외교정책을 수립해 국회에 보고하며, 재외공관에 지시해 외교정책을

시행한다. 또한 본부 장·차관, 간부들이 직접 다른 나라나 국제기구를 방문하거나, 다른 나라 인사들을 우리나라로 초대해 외교교섭을 한다.

- **재외공관:** 본부의 지시를 받아 주재국과 교섭을 하고 주재국과의 우호관계를 증진시킨다. 또한 정치, 경제, 사회, 문화 등 여러 분야에서 정보를 수집해 본부에 보고한다. 아울러 현지 진출 기업을 지원하고 재외국민을 보호하는 역할을 한다.

전 세계에 설치된 재외공관은 160개가 넘는다(2019년 현재 166개). 재외공관은 대사관(Embassy), 대표부(Permanent Mission), 총영사관(Consulate General) 등으로 구분된다. 대사관은 주재국에서 대한민국을 외교적으로 대표하는 작은 정부와 같다. 외교관계를 수립한 국가 중 공관을 설치하지 못한 국가에는 인근 국가에 있는 대사관이 업무를 겸임한다. 그렇다면 대사관과 총영사관은 어떻게 다를까?

주요 업무도 서로 다르지만, 가장 큰 차이점은 총영사관의 경우 외교적으로 대한민국을 대표하지 않는다는 점이다. 대사관은 한 나라에 하나뿐이며 대개 수도에 위치한다. 반면, 총영사관은 한 국가 안에 여럿이 있을 수 있다. 총영사관은 미국의 뉴욕, 로스앤젤레스, 일본의 오사카, 중국의 상하이 등 교민이 많은 도시에 설치한다. 해외에서 우리 국민을 보호하고 지방 정부나 민간 차원의 교류와 협력, 경제통상 등의 업무를 하기 때문이다. 총영사를 임명할 때는 대사와 달리 상대국의 사전 동의인 아그레망이나 대통령의 신임장이 필요 없고 대통령이 임명장을 수여하기만 하면 된다.

재외공관원의 직위와 보직도 서로 다르다.

- **대사관과 대표부:** 대사, 공사, 공사참사관, 참사관, 1등서기관, 2등서기관, 3등서기관, 행정관을 둔다.
- **총영사관:** 총영사, 부총영사, 영사, 부영사를 둔다.

※ 총영사관이 별도로 설치되어 있지 않은 국가나 지역: 대사관 직원이 영사 직함을 겸하면서 영사 업무를 수행한다(예를 들어, 1등서기관 겸 영사).

대표부는 국제기구가 있는 곳이나 미수교국에 설치한다. 뉴욕의 유엔, 제네바의 WTO, 파리의 OECD와 유네스코, 비엔나의 IAEA와 같은 국제기구와 미수교국(타이베이)에서 대한민국을 대표한다. 국제기구 대표부의 주요 외교 대상은 국제기구 사무국과 회원국이다.

총영사관이 외교적으로 국가를 대표하는 기능이 없다고 대사관보다 격이 떨어지는 것은 아니다. 웬만한 대사관보다 규모가 크고 중요한 업무가 많은 총영사관은 선호도가 높아 그만큼 경쟁이 치열하다. 공관장으로서도 일에 대한 의욕과 열정이 많은 사람은 외교 현안이 적은 소규모 대사관의 대사보다 주요국의 총영사를 선호하는 편이다.

Q & A

내가 원하는 나라에서
일할 수 있나요?

외교관이 된다고 해서 곧바로 해외에서 근무하는 것은 아니다. 통상적으로 외교부 신입 직원은 본부에서 2년 또는 2년 반 근무한 다음, 반드시 재외공관 근무를 해야 한다. 첫 공관에서 2년 간 근무를 하고 본부로 복귀하여 근무를 하다 2년간의 해외연수를 나간다. 그런데 외교관으로서 해외근무를 할 때는 이른바 '냉·온탕 순환 배치'가 적용된다. 한 번 선진국이나 선호 지역 공관(온탕)에 배치되면, 그다음에는 개발도상국이나 비선호 지역, 험지의 공관(냉탕)으로 나가는 게 원칙이다.

과거에 외교관이 막연한 선망의 대상이 되었던 시기가 있었다. 1970년만 해도 우리나라의 1인당 GDP는 286달러로 세계 100위권 정도였다. 당시 북한의 1인당 GDP(384달러)보다 적었다. 그러다 보니 해외로 나가면 우리나라보다 잘사는 나라들이 대다수였다. 국내보다 더 나은 조건과 환경에서 생활할 수 있는 외교관이 인기를 끌었던 배경이기도 했다. 하지만 이제 상황은 역전되었다. 2018년 우리나라는 세계 6위의 수출 대국으로 껑충 성장했다.

국제통화기금(IMF)의 집계에 따르면 2019년 현재 우리나라의 1인당 GDP는 3만 1,940달러로 세계 29위에 해당된다. 외교관이 되어 재외공관에서 근무를 할 경우, 국내 여건보다 못한 환경에서 생활하게 될 확률이 훨씬 높다. 하지만 생활여건이 국내보다 못한 국가에 주재하게 되더라도 외교관이라는 신분과 소명이 달라지지 않는다. 오히려 험지 근무를 통해서 외교관으로서 더 큰 보람을 느끼고 탄탄한 내공을 쌓을 수도 있다. 외교관은 본인이 원하는 나라에서 일하거나, 혹은 원하지 않는 나라에서 일하게 되더라도 초심을 잃지 않아야 한다.

외교관의
대외활동

"외교관들은 결혼과 육아를 어떻게 하나요?"

"배우자와 함께 해외공관에 나갈 수 있나요?"

"외교관은 어떤 경제적 혜택을 받나요?"

외교관을 꿈꾸는 젊은이들로부터 가장 많이 받게 되는 질문들이다. 외교관이 되면 2~3년마다 재외공관에서 해외생활을 해야 하는데, 과연 '정상적인 가정을 꾸릴 수 있을까' 하는 걱정이 담겨 있는 셈이다. 사실 외교관 지망생에게 가장 큰 관심사 중 하나는 바로 결혼과 가정 문제일 것이다. 또 가정을 꾸리며 자녀를 교육하려면 비용도 많이 들기 때문에 금전적인 문제도 안고 있다.

통계(2018년)에 따르면 국내 가구 중에서 맞벌이 가구 비율은 약 46.3%에 달한다. 작가, 화가, 프리랜서 등 혼자서 일을 하는 직업이라면 몰라도 국내에 직장이 있거나 의사, 변호사 같은 전문직을 가진 사람은 배우자를 따라 해외에 가서 몇 년씩 살기가 어려운 것이 현실이다. 전에는 여성 외교관들이 배우자감으로 대학교수나 학교 교사를 선호하기도 했는데, 그 이유는 여름과 겨울 방학 기간에 가족과 함께 해외에 머무를 수 있기 때문이었다. 최근 몇 년간 외교관후보자 선발시험에서 합격자의 절반 이상이 여성인 점을 감안하면, 젊은 외교관들에게 결혼과 출산, 육아 등은 가장 민감한 문제라고 해도 과언이 아니다.

여성이 외교관 생활을 하면서 몇 년마다 수년씩 배우자와 떨어진 채 해외에서 살게 되면 안정적으로 가정을 꾸리는 데 어려움이 한두 가지가 아니다. 무엇보다 해외에서 외교업무를 수행하면서 출산을 하거나 자녀를 키우는 일이 보통 힘든 게 아니다. 저출산 위기를 극복하는 것은 국가적으로 해결해야 하는 시급한 과제이다. 이런 점에서도 여성 외교관에 대한 각별한 배려가 필요하다고 생각한다. 여성 외교관들이 특히 해외에서 임신·출산과 자녀교육에 대한 걱정을 덜고 대한민국을 대표해 외교 활동에 전념할 수 있도록 특단의 대책이 마련되어야 할 것이다. 출산적령기 여성 외교관들이 필요한 경우 국내 근무를 선택할 수 있게 하는 것도 하나의 방안이 될 수도 있다. 공관 근무 체계를 좀 더 탄력적으로 운영하고 대체인력도 확충이 돼야 여성 외교관이 가정을 꾸리면서 외교에 전념할 수 있을 것이다.

Q&A

외교관들은
결혼과 육아를 어떻게 하나요?

① 부부외교관 vs 기러기부부

외교관들이 배우자를 찾기 어렵다 보니 외교부 안에서 연분을 맺는 경우가 늘어나고 있다. 이른바 '부부외교관'이다. 2011년 22쌍이던 부부외교관이 2016년에는 33쌍으로 늘었다. 유엔 사무차장으로 근무했던 김원수(외시 12회), 박은하(19회) 씨 부부가 부부외교관 1호다. 부부가 함께 같은 목표를 향해 나아가는 진정한 동반자가 된다는 것은 분명 커다란 축복이다.

그러나 부부외교관에게도 말 못 할 어려움이 있기는 마찬가지다. 어느 한쪽이 해외 발령을 받으면 서로 떨어져 지내야 하는 점이 가장 큰 어려움이다. 부부가 함께 동일 공관에 발령받기는 '하늘의 별 따기'라고 생각하면 된다. 부부외교관이 극히 드물던 때에는, 부부가 같은 공관이나 인접 공관에 발령받는 특혜를 받기도 했다. 그러나 부부외교관이 계속 늘어나는 상황에서 이 같은 배려를 더 이상 기대하기는 어려워졌다.

내가 차관으로서 외교부 인사위원장을 맡고 있을 때, 인도적 차원에서 부부외교관의 재외공관 발령 문제에 대해 검토해 본 적이 있다. 부부외교관을 같은 공관에 보낼 것인지, 아니면 최소한 같은 나라, 같은 지역에라도 보낼 것인지, 그 실현 가능성을 살펴보고자 했다. 부부를 동일 공관에 발령하기 위해서는 몇 가지 조건이 맞아야 한다. 우선, 동기 또는 비슷한 연조의 부부외교관을 함께 배치할 만큼 인력 규모가 큰 공관이어야 한다. 그런데 전 세계 160여 개 재외공관 가운데 공관장을 포함해 2~3인 미만의 소규모 공관이 전체 공관의 절반 이상을 차지한다. 심지어 1인 공관장 공관도 느는 추세다. 비교적 규모가 큰 공관이라도 두 사람의 직급에 적합한 자리가 비어 있어야 하고, 선·후진국 순환근무 원칙에도 맞아떨어져야 한다. 이러한 조건들을 동시에 충족하기는 사실상 어렵다.

외교부 간부들과 함께 오랜 시간 이 문제를 논의했는데, 결론은 '부부외교관에게 특혜를 주지 않는 것이 낫겠다'는 것이었다. 이는 부정적인 영향이 더 클 것이라는 판단에서였다. 부부외교관들에게 지나친 기대감을 줄 뿐만 아니라, 그러한 혜택을 받지 못하는 부부외교관은 상대적 박탈감이 더 클 것이다. 또한 배우자를 동반하지 않고 홀로 재외공관에 부임하는 외교관들이 상대적으로 차별의식을 가질 수도 있다. 인사발령을 하는 입장에서는 부부를 같은 공관에 보내자니 특혜 시비가 붙을 수 있고 2, 3년마다 떼어 놓자니 몇 년 동안 생이별의 아픔을 겪어야 하는 부부외교관들이 인간적으로 너무 안쓰러웠다. 그러니 원칙과 인도주의 사이에서 고민할 수밖에 없었다.

② 이삿짐과 자녀교육

가정을 꾸린 젊은 외교관들이 부딪히는 또 하나의 커다란 고민은 바로 육아와 자녀교육 문제다. 맹자의 어머니가 아들의 교육을 위해 세 번 이사를 했다면, 외교관은 국가의 부름에 따라 몇 번이고 이사를 다닐 수밖에 없는 존재다. 국내와 해외를 번갈아 다니다 보면 잦은 환경 변화로 자녀들이 겪는 정서적인 어려움이 더욱 클 수밖에 없다.

내 경우엔 직업외교관으로 일하면서 여섯 차례 해외근무를 했는데, 유난히 한 임지에서 오래 있지 못하고 자주 이삿짐을 싸야 했다. 자녀가 새로운 나라에 가서 친구를 사귀고 학교생활에 적응할 만하면 또다시 다른 나라로 옮겨 가야 했다. 이러한 난처한 과정을 반복해서 겪는 아이들의 스트레스는 이만저만 큰 게 아니었다. 그런 아이들의 모습이 안쓰러워 남몰래 눈시울이 붉어지기도 했다. 가장 안타까웠던 것은 부임하자마자 아이들이 "이번엔 이 나라에서 언제까지 있을 건가요?"라고 물었을 때였다. 확실한 대답을 할 수 없어 미안한 마음이 들었다. 내가 해외생활을 하면서 가장 걱정했던 점은 자녀교육이었다. 만약 여성 외교관이 해외근무를 하면서 혼자서 자녀를 키우게 된다면, 그 어려움은 상상 이상일 것이다.

해외공관에서는 부부동반으로 참석해야 하는 만찬 등 외교행사가 많은데, 조국에서 멀리 떨어진 낯선 외국에서 어린 자녀를 맡길 만한 곳을 찾기가 쉽지 않다. 미국처럼 열 살 미만의 자녀를 집에 홀로 두면 부모를 처벌하는 국가도 있다.

결국 자녀가 학교에 들어갈 때까지 유아원, 유치원에 보내야 하고, 초등학교에 입학한 후에도 가까이서 아이를 돌봐야 한다. 외부 행사가 있으면 직원들이 서로 아이들을 돌봐 주기도 하지만 늘 가능한 일은 아니다. 경우에 따라선 아이를 돌봐 줄 도우미를 구해야 하는데, 문화와 환경이 달라 어려움이 뒤따를 수밖에 없다. 임지를 옮길 경우엔 눈코 뜰 새 없을 정도로 업무가 많아지는데, 시간을 쪼개고 쪼개 아이들이 낯선 환경에 잘 적응하는지 더 세심하게 살펴야 한다.

외교관으로서 해외에서 자녀를 키우고 교육시키는 일은 힘들고 어렵게 느낄 수도 있지만 좋은 점도 많다. 자녀들이 어려서부터 세계 여러 나라에서 다양한 문화와 사람들을 접하면서 세상을 보는 시야가 넓어지고 글로벌마인드가 생기게 된다. 이 과정에서 자연스럽게 영어와 제2외국어를 익히고 구사하게 되는 것도 커다란 축복이다. 다만 국내 실정에 어둡고 한국어 구사 능력이 약해질 수 있기 때문에 이를 보완할 만한 교육도 필요하다. 내 경우엔 아이들이 어릴 때부터 한국 신문과 책 등을 많이 읽도록 하고, 글쓰기 연습을 하도록 이끌었다. 무엇보다도 중요한 일은 자녀에게 대한민국의 아들과 딸이라는 자긍심과 정체성을 심어 주는 것이다. 뿌리가 깊어지면 꿈나무가 더 높이, 더 멀리 가지를 뻗을 것이기 때문이다.

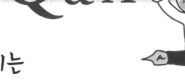

외교 정치와 경제는
어느 정도 알아야 하나요?

우리는 세계가 하나의 마을인 시대에 살고 있다. 세계 각국은 서로 끊임없이 영향을 주고받으며 떼려야 뗄 수 없는 관계를 맺고 있다. 2018년 560여 명의 예멘 난민이 제주도로 밀려든 사례에서 보듯 기후변화, 난민, 테러 등 전 세계의 어떤 문제도 우리와 무관한 것은 없다. 다른 나라에서 무슨 일이 일어나고 있는지 알 수 있어야 능동적으

로 대처할 수 있다. 특히 외교관을 꿈꾸고 있다면 세계를 향한 넓은 시야는 필수 요건 이다.

외교관은 '가슴엔 조국을, 두 눈엔 세계를' 품고 사는 사람이다. 학업성적과 외국어 실력 등 스펙이 뛰어나더라도 세계가 어떻게 돌아가고 있는지 무관심하다면 외교관 지망생으로서는 낙제점이다. 다른 나라, 다른 문화에 대한 관심과 배경지식이 없으면 해외에서 외교관으로서 성공적으로 활동하기 어렵다.

『장자』「외편(추수편)」에는 "우물 속에 있는 개구리에게는 바다에 대해 설명할 수 없다"는 글귀가 나온다. '우물 안 개구리' 신세에서 벗어나려면 우물 밖으로 뛰쳐나와 더 넓은 세상을 마주 봐야만 한다. 세상은 아는 만큼 보이고, 보이는 만큼 세상에 대한 관심도 커지기 마련이다. 시야를 넓히기 위해서 자신만의 '이슈 노트'를 만드는 것을 추천한다. 지금 세계는 무슨 문제로 고민하고 있는지, 그 고민을 해결하기 위해 어떻게 대응하고 있는지, 우리나라의 입장은 무엇인지 등을 일주일에 한 가지라도 간략하게 정리해 보자. 노트의 두께가 두꺼워지면서 어느새 세계 속에 있는 자신을 발견할 것이다.

매일 오전 출근길에 뉴스 헤드라인을 살펴보는 것도 도움이 된다. 스마트폰 시대인 만큼 정보 습득 또한 편리해졌다. 요즘 국내외 정치와 경제 흐름은 어떠한지 가볍게 파악하는 것부터 시작해 보자.

Q & A

외교관이 얻는
경제적 혜택은 무엇인가요?

세간에는 외교관은 큰 특혜를 누리는 직업이라는 인식이 적지 않다. 재외공관 외교관은 누구나 고급 주택에서 만찬을 즐기며 가사도우미까지 두고 생활한다고 여기기도 한다. 과연 '현실'도 그럴까? 결론부터 말하자면 외교관은 공직자이고, 외교관의 처우나 보수도 같은 직급의 일반 공무원과 다를 바 없다. 이른바 '특혜'는 외교업무상 필요한 경우에만 국한된다. 한 예로 대사 등 공관장에게 관저가 제공되는 것은 관저가 단순한 주거공간이 아니라 각국 요인과 만나고 손님을 맞는 외교 활동의 또 다른 터전이기 때문이다.

다만, 재외공관에서 일하는 외교관에게는 근무 여건과 상황 등에 따라 추가적으로 여러 수당과 실비가 지원된다. 대한민국을 대표하는 외교관으로서 품격을 유지하고, 생활인으로서 정상적인 삶을 누릴 수 있도록 하기 위한 것이다.

먼저 재외 근무 때 받는 수당의 종류를 살펴보면 재외 근무 수당, 특수지 근무 수당, 특수외국어 수당 등이 있다. 재외 근무 수당의 차이는 다음과 같다.

재외 근무 수당의 종류	내용
재외 근무 수당	• 해외 근무지에서 일정 생활수준을 유지하도록 보전하는 수당이다. • 10개 근무지역별 및 직급별로 정해진 기준에 따라 미화 또는 현지화로 지급한다.
특수지 근무 수당	• 근무환경이 열악한 험지 국가에서 근무하는 데 대한 보상적 성격의 수당이다. • 험지의 정도에 따라 가~다 지역으로 구분하여 직급에 따라 차등 지급한다.
특수외국어 수당	• 해당 특수어를 사용하는 국가나 국제기구 소재지에 근무하는 외교관에게 주어지는 수당이다. • 국립외교원이 인정하는 어학등급(1~3등급)을 소지한 사람에게 매달 일정액을 지급한다.

참고로 외교부에서 2018년 영사(3등급) 경력공채 때 시험 과목으로 채택한 특수외국어로는 크로아티아어, 그리스어, 체코어, 터키어, 태국어, 베트남어, 이탈리아어, 마인어(말레이 인도네시아어), 헝가리어, 덴마크어, 포르투갈어, 미얀마어, 캄보디아어 등이 있다.

또한 재외공관 외교관에게는 ▲(현지 국제학교 취학 시) 자녀학비보조수당 ▲현지공관 부임 여비 및 본부 귀임 여비 ▲주택임차료 등의 경비가 실비로 지원된다. 자녀학비보조수당은 유치원부터 고등학교까지 국내 수준의 교육을 받는 데 드는 학비의 일부를 지원하는 것이다. 부임 여비 및 귀임여비로는 본인, 배우자 및 26세 미만 자녀의 항공료가 '최단거리 최저요금'을 기준으로 지급된다. 이와 함께 이전비(이삿짐 운송비)도 국가별·부피별로 정해진 '이전비 기준액' 범위 안에서 실비를 지원받는다. 선박운송을 기준으로 15cbm(m^3) 이내의 이삿짐 운송비가 여기에 해당된다. 주택임차료의 경우 공관별·직급별로 정해진 '임차료 상한선' 이내에서 지원을 받으며, 상한선을 초과하는 금액은 직원이 부담하게 된다. 이 외에 의료비(또는 의료보험료), (부모상 등으로 인한) 일시귀국 여비, 부임 정착지원금 등도 실비로 지원된다.

Q&A

일하면서 어떤 순간이 가장 기억에 남나요?

24시간을 쪼개 쓸 정도로 바쁘다고 해서 재외공관 근무가 늘 힘들고 어렵기만 한 것은 아니다. 일을 하다 보면 외교관으로서 보람을 느낄 때도 많고, 또 개인적으로 명예롭고 즐거운 추억도 생긴다. 내게는 특히 영국이 추억거리가 많은 근무지였다. 외교관으로서 첫 해외 근무지이자 갓 결혼하여 부임한 곳이라 의미가 더욱 각별했다. 당시선배 외교관들은 내게 "외교관은 경험이 많아야 한다. 돈 아낄 생각 말고 젊을 때 여행을 많이 다녀 머릿속에 많은 것을 채우라"고 조언해 주곤 했다. 그 때문이었을까,

나는 시간이 나는 대로 차를 몰아 런던 밖으로 빠져나갔다. 잉글랜드는 물론이고 멀리 스코틀랜드의 에든버러와 웨일스의 옛 성(Castle), 그리고 서쪽 끝 '땅끝마을(Land's End)'에 이르기까지 발길이 안 닿은 곳이 없을 정도로 새로운 곳을 찾아다녔다.

내가 주영국 대사관에서 일하는 동안 한·영 관계는 수교 이래 최상의 관계로 평가를 받았다. 우리 부부는 엘리자베스 여왕의 초청을 받아 버킹엄 궁전에서 열린 '이브닝 파티'에서 찰스 황태자와 다이애나비도 만나고 무도회에서 사교의 기회를 갖기도 했다. 외교관이 아니라면 경험하기 어려운 '호사' 아닌 호사였다.

영국에서 근무하던 동안, 특히 기억에 남는 일들 중 하나는 다름 아니라 '개고기 시위' 사건이었다. 내가 대사관 총무를 맡고 있던 1983년 10월 어느 날, 국제동물복지기금(IFAW) 관계자에게서 전화가 왔다. 그는 한국인들이 개고기를 먹는 데 대해 항의하면서 회원들이 버스 두 대로 대사관에 찾아와 규탄 시위를 벌일 것이라고 했다. 당시 현지 일요신문인 『선데이 미러』에 한국에서 사람들이 개를 잡아먹는 사진과 기사가 대서특필(大書特筆, 두드러지게 큰 글씨로 쓴다는 뜻으로 언론에 중요 사건을 크게 다룸) 되었다. 게다가 『더 타임스』와 『데일리 텔레그래프』 등 주요 신문에는 큼지막한 항의 광고가 연일 실리고 있었다. 시위가 벌어지면 그 장면 또한 기사화되어 '개고기' 파문이 이어질 조짐을 보였다.

나는 우선 그들에게 먼저 이야기를 나누자고 했다. 대사관에 찾아온 IFAW 회원 대표 세 명을 권순대 정무참사관과 함께 만났다. 그들은 개를 나무에 매달아 놓고 가마솥에 불을 때는 장면을 찍은 사진을 보여 주었다. 그러면서 한국인들이 개고기를 먹는 야만적인 행위를 당장 중단하지 않으면 한국 상품 불매운동과 88올림픽 보이콧 운동을 전개하겠다고 위협했다. 나는 유럽인들이 말고기와 심지어 고양이고기를 먹는 사례를 예로 들면서 식습관은 나라마다 다른 문화적 차이라는 점을 강조했다. 또한 한국에서는 식용견과 반려견이 철저하게 구분되어 있는 점도 설명했다. 개고기를 먹게된 유래에 대해서도 이야기했다. 가난하던 시절, 특히 결핵 등을 앓는 사람들에게 개고기와 같은 고단백질이 치료를 위해 불가피한 선택이었다는 점도 강조했다. 그러면서 "만약 영국민이 한국민과 같은 절박한 처지였다면 생명과 죽음 가운데 어떤 선택을 했겠느냐"고 되물었다.

그들은 고개를 끄덕이면서도 도살(식용을 위해 허가 없이 동물을 죽이는 작업) 방법을 물고 늘어졌다. 왜 개를 무자비하게 때려 도살하느냐는 것이었다. 면담이 끝난 지 며칠 뒤 시위대가 찾아왔다. 하지만 처음의 예고와는 달리 대사관에서 조금 떨어진 지점에서 잠시 시위를 하다 떠났다. 정작 문제는 그다음에 일어났다. IFAW 회원들이 매일 항의 편지를 써서 대사관에 보내기 시작한 것이다. 편지에는 지난번 대표들이 보여 준 개를 학대하는 장면을 담은 사진과 이를 항의하는 글이 담겨 있었다. 일부 손으로 쓴 편지도 있었지만 대부분은 같은 내용을 복사한 것이었다.

처음에는 몇백 통에 불과하던 편지가 며칠이 지나자 하루에 수천 통 가까이 쏟아져 들어왔다. '개고기 항의 편지'가 일반 우편물과 섞여서 들어오니 이를 분류하는 일도 여간 어려운 일이 아니었다. 나는 직원들과 함께 우편물을 바닥에 쌓아 놓고 진짜 편지와 '개고기 편지'를 분류했다. 처음에는 일일이 편지를 뜯어보았지만 몇 시간 지나지 않아 편지를 뜯어보지 않아도 어느 것이 '개고기 편지'인지 구분할 수 있었다. 하루 종일 그 일을 하고 있자니 힘들기도 했지만, 기가 막혔다. 그러다 문득 눈에 들어온 것이 편지에 붙은 우표였다. 영국은 우표를 세계 최초로 발행한 나라다. 이미 사용한 우표라도 뭔가 활용할 방법이 있을 것 같았다.

여기저기 알아보니, 사용한 우표라도 5천 장을 모으면 구명용 보트를 한 대 구입할 수 있고, 2만 장을 모으면 시각장애인을 안내하는 개를 구입할 수 있었다. 나는 신바람이 나서 우편물을 쌓아 놓고 직원들과 둘러앉아 열심히 우표를 떼어 내기 시작했다. 가위로 자르기도 하고 칼로 떼어 내기도 했다. 손가락이 부르트기도 하면서 며칠을 계속해 우표를 모으니 수만 장이 됐다. 나는 관련 기관에 우표 수만 장을 전달하여 구명정과 시각장애인 안내견을 구입하는 데 사용해 달라고 요청했다. '개고기 편지' 사태는 생명을 구조하고 장애인에게 도움을 주는 선한 결말로 마무리됐다. 외교관이 하는 일이란 때때로 상상을 넘어서는 것이기도 하다.

외교관이 되려면 멘탈관리와 건강관리도 중요하다. 외교관후보자 선발시험은 제1차, 제2차 시험 모두 시험 시간 중에는 원칙적으로 화장실을 이용할 수 없다. 배탈, 설사 등 불가피하게 시험을 볼 수 없는 경우에는 화장실을 이용할 수 있으나 이로 인한 불이익을 감수해야 한다. 당해 교시에 재입실이 불가능하며 다음 교시 시험에만 응할 수 있기 때문이다. 시험 전 이뇨작용을 일으키는 음료(카페인, 탄산음료 등)를 마시는 것을 가급적 자제하고 음식물 섭취에도 유의해야 한다. 2018년도 제2차 시험은 4일 동안 실시됐으며 각 과목 시험시간은 2시간이었다. 장시간 동안 별 탈 없이 집중력을 유지하려면 특히 세심한 건강관리가 필요하다.

당연한 얘기로 들리겠지만 무엇보다 중요한 게 기초체력을 쌓는 일이다. 공부하려면 체력이 뒷받침돼야 하기 때문이다. 계속 앉아서 공부를 해야 하고 또 정신적인 중압감도 크기 때문에 버텨 낼 수 있는 체력이 필요하다. 여러 가지 다양한 세상을 경험하고 체력을 기르는 건 시험 준비에 앞서 해 두면 좋다.

많은 이들이 외교관이나 국제기구 진출을 위해 도전하지만 기회의 문은 쉽사리 열리지 않는다. 시일이 지나다 보면 꿈을 향한 열정도 의욕도 뒷걸음질 치기 쉽다. 때로는 길게 돌아서 다가가야 할 때도 있다. 그럴 때일수록 꿈도, 마음가짐도

'관리'가 필요하다. 자신에게 끊임없이 동기부여를 해야 한다. 내가 헌신해 이루고 싶은 세상을 떠올려 보며, 꿈도 용기도 재충전을 해 보는 것이다.

세계적인 베스트셀러 작가이자 동기부여 전문가였던 '지그 지글러(Zig Ziglar)'는 이런 말을 했다. "사람들은 의욕이 끝까지 가질 않는다고 말한다. 뭐, 목욕도 마찬가지 아닌가? 그래서 매일 하는 거다. 목욕도, 동기부여도." 목욕처럼 자주는 아니더라도, 자신의 꿈에 물을 주자. 스스로 동기부여를 하면 꿈도, 열정도 자라나기 마련이니까. 외교관을 꿈꾸는 이들이여, 매일매일 꿈을 충전하자.

Q&A

스트레스는
어떻게 푸나요?

스트레스가 없는 사람은 아마도 없을 것이다. 학생들도 온갖 스트레스에 시달린다. 나 역시 평생 스트레스에서 벗어나 자유와 평안을 만끽한 적이 별로 없었던 것 같다. 스트레스에서 벗어나는 방법은 없을까? 스트레스를 풀기 위해 사람들은 운동을 하거나 여행을 가기도 한다. 책을 읽거나 영화를 보고, 음악을 듣고, 맛있는 음식을 먹고, 가까운 사람과 만나 대화를 나누기도 한다. 나도 다른 사람들이 하는 방법과 큰 차이가 없다. 스트레스를 푸는 비법을 따로 갖고 있지 않다.

스트레스를 풀려면 왜 스트레스가 생기는지 원인을 알아내는 것이 중요하다고 본다. 과도한 일, 감당하기 어려운 무거운 책임감, 여유 없이 쫓기며 사는 삶, 다른 사람과의 관계가 매끄럽지 못한 데서 오는 불안감, 내가 설정한 목표를 달성하지 못한 데서 오는 초조함, 잠이 부족해서 오늘 육체적인 피로 등 스트레스의 원인은 수만 가지일 것이다. 나에게도 스트레스의 원인은 이루 말할 수 없다. 결론적으로 말하면 나는 스트레스를 이기거나 극복하는 것은 거의 불가능하다고 생각한다. 스트레스를 없애거나 극복하려고 애쓰는 것 자체가 스트레스가 될 수도 있기 때문이다. 극복할 수 없고 이길 수 없다면, 스트레스를 솔직히 인정하고 동무 삼아 함께 가는 것도 방법이다. 그러다 보면 스트레스가 단점만 있는 게 아니라 때로는 적당히 긴장감과 활력을 주기도 한다.

스트레스는 마음에서 비롯되는 경우가 많다. 마음먹기에 따라서는 스트레스를 어느 정도 극복할 수 있다. 우리 속담에 '사촌이 땅을 사면 배가 아프다'는 말이 있다. 남이 잘되니 내게 스트레스가 되는 것이다. 우리 사회 전반에 남과 비교하여 생기는 스트레스가 정말 많다. 자기가 많이 가졌어도 더 많이 가진 사람을 보고 배가 아프다. 쉬운 일은 아니지만 나는 가급적 남과 비교하지 않으려고 한다. 남의 장점과 노력과 행운을 인정하면 된다. 내가 어떠한 마음가짐을 갖느냐에 따라 스트레스가 생기는 것은 상당히 많이 극복할 수 있는 것 같다.

또한 긍정적인 생각으로 부정적인 생각을 덮으려고 애쓰기도 한다. 아무리 큰 어려움이 닥쳐도 '잘되겠지! 잘될 거야!' 긍정적으로 생각하고 스스로 위로한다. 나는 내가 가진 것에 만족하고 감사하는 마음을 가짐으로써 스트레스를 원천적으로 차단하기도 한다. 매우 좋은 방법 중 하나다. 육체적으로 피로가 쌓이면 스트레스가 생기니 이럴 때는 휴식만큼 절대적으로 필요한 것이 없다. 나는 아무런 생각 없이 시간을 보내기도 한다. 의식적으로 아무 생각도 안 하고 멍 때리듯이 시간을 보내는 것이다. 급한 일이 있어도 무시하고 나 자신을 위한 시간을 보내기도 한다.

내가 특별히 강조하는 방법은 '이왕 할 거면 즐거운 마음으로 하자!'다. 일종의 자기최면이다. 내가 해야 할 일을 다른 사람이 대신해 주는 것도 아니고 어차피 내가 해야 하는 일이라면 얼굴을 찡그리고 해 봐야 나만 힘이 든다. 이왕 하는 일이면 즐거운 마음으로 하자고 마음먹는다. 학생들도 마찬가지일 것이다. 공부를 하는 것도, 숙제를 하는 것도, 시험 준비를 하는 것도, 월요일 아침에 학교에 가는 것도 모두 피할 수 없이 해야 하는 일이다. 피할 수 없는 일, 이왕 해야 하는 일이면 즐거운 마음으로 하자! 이런 마음으로 하면 스트레스를 많이 줄일 수 있다.

평소 건강관리는 어떻게 하나요?

외교관은 늘 긴장하면서 과중한 일을 해야 하기 때문에 고달프고 힘들 때가 많다. 그래서 체력이 뒷받침되어야 한다. 육체적인 건강뿐만 아니라 정신적인 건강도 매우 중요하다. 어떤 어려움을 만나도 이겨낼 수 있는 육체적, 정신적 힘을 길러야 한다. 육체적인 건강관리를 잘하려면 중요한 것이 운동과 음식이다. 정신적으로는 늘 긍정적인 마음을 가지려고 한다.

나는 건강관리에 각별히 신경을 쓰는 편이다. 틈만 나면 운동을 한다. 젊었을 때는 축구와 탁구를 즐겨 했고 주말이면 산에 올랐다. 요즘 가장 많이 하는 운동은 걷기다. 특별한 경우가 아니면 무조건 지하철이나 버스 등 대중교통을 이용한다. 그렇게만 해도 하루에 대략 1만 보 이상 걷게 된다. 일주일에 서너 번은 헬스장에 가서 유산소 운동과 근력운동을 하고, 일주일에 몇 번은 수영장을 찾는다. 수영도 하지만 주로 물속에서 빠른 걸음으로 걷는 편이다. 물속에서 걸으면 땅에서 걷는 걸음보다 칼로리 소모량이 세 배는 된다고 한다.

또 하나 운동은 국선도이다. 운동이라기보다는 수련이라고 하겠다. 국선도는 단전호흡을 통해 몸과 마음을 단련하는 우리나라 전통 수련법의 하나다. 국선도는 사전 20분간 스트레칭으로 준비운동을 한 다음, 40분간 단전호흡을 하고 다시 스트레칭으로 20분간 정리운동을 한다. 스트레칭으로 굳어진 몸을 펴고, 마음을 비우고 단전호흡을 하면 세상의 모든 근심과 걱정을 잊고 평온한 마음을 회복할 수 있다. 스트레스 극복에도 좋고, 육체적으로도 건강이 좋아지는 것을 느낀다.

건강관리를 위해 각별히 절제하는 것이 음식이다. 지금은 너무 많이 먹고 잘 먹어서 탈이 나는 시대다. 나이가 들면서 적절한 체중을 유지하기가 쉽지 않다. 평소 음식관리에 조심하지만 외부에서 점심 또는 저녁식사를 자주 하니 조금만 방심해도 과체중이 되곤 한다.

그래서 몇 해 전에 금식을 하기 시작했다. 집에서 혼자 하기 힘들어 일 년에 한 번 금식수련원에 가서 여러 사람과 함께 금식을 한다. 한겨울 추운 날씨지만 한 해를 새롭게 맞이한다는 마음으로 주로 1월에 시작한다. 열흘 동안 물만 마시고 매일 7km 산을 오르다 보면 체중이 6kg이나 빠진다. 몸도 날아갈 정도로 가벼워지고 머리도 맑아지는 게 느껴진다. 진짜 중요한 것은 금식을 끝낸 다음부터다. 다시 전처럼 음식을 먹으면 금방 원래의 체중으로 돌아가고 심지어 더 살이 찌는 요요(yo-yo) 현상이 발생할 수 있다. 그래서 금식이 끝난 다음 최소한 30일 이상 철저하게 음식 섭취를 관리해야 한다. 나는 100일 동안 음식을 관리한다. 100일이 지나면 세포가 변하여 위의 크기가 줄게 되니 자연히 먹는 양도 줄게 된다. 열흘 금식과 100일 음식관리를 마치고 나면 건강도 회복되고 어려움을 이겨낸 기쁨도 덤으로 얻게 된다.

Q&A

어느 곳이
제일 살기가 좋았나요?

나는 외교관 생활을 하는 동안 해외에서는 여섯 곳에서 살았다. 물론 모두 가족과 함께 지냈다. 첫 번째 지역은 영국 런던이다. 내가 갓 결혼한 다음 가서 살았던 곳이므로 가장 추억이 많이 남는 곳이다.

두 번째 지역은 사우디아라비아, 사막의 나라다. 중동에서 가장 큰 나라인데 주말에도 갈 곳이 없다. 카페도, 영화관도 없었다. 가족과 함께 유일하게 즐겨 가곤 하던 곳은 대형마트였다. 에어컨이 있어 실내가 시원하고, 사람들을 구경할 수 있고, 물건들을 볼 수 있어서다. 가끔은 리야드에서 동쪽으로 다섯 시간 정도 운전하여 해안에 가기도 했다.

세 번째는 스위스 제네바다. 나라 전체가 알프스산맥으로 둘러싸이고 집에서 조금만 나가도 아름다운 레만호가 펼쳐져 있다. 하지만 경치도 몇 달 지나니 눈에 안 들어온다. 아름다운 산과 호수가 아름답다는 느낌이 들지 않는다는 것이다.

네 번째는 미국 워싱턴 D.C.다. 미국은 생활하기에 가장 편리한 나라다. 특히 미국의 수도인 워싱턴 D.C.는 세계 정치의 중심이라 할 수 있어 외교관은 누구나 한 번쯤 근무하기를 바라는 곳이다.

다섯 번째 태국 방콕에는 국제기구인 유엔 에스캅 사무국에서 일하면서 2년간 살았다. 태국은 날씨가 무척 덥다. 아침저녁으로 날씨가 선선할 때는 12월, 1월, 2월 석 달뿐이다. 다른 때는 거의 40도를 넘나든다.

여섯 번째는 미국 휴스턴이다. 내가 총영사로 발령을 받은 휴스턴은 미국 남부에 있는 도시로 뉴욕, 로스앤젤레스, 시카고에 이어 네 번째로 큰 도시다. 텍사스, 오클라호마, 아칸소, 루이지애나, 미시시피 5개 주가 관할지역이다. 텍사스만 해도 대한민국 면적의 7배가 넘을 정도로 크다. 자동차로 하루 종일 달려도 동쪽 끝에서 서쪽 끝까지 가지 못 한다. 같은 주인데도 동쪽과 서쪽의 시차가 무려 1시간이나 된다.

어느 곳이 살기가 좋았는지 대답하라면 선뜻 대답하기가 쉽지 않다. 왜냐하면 모든 나라가 그 나름대로 장단점이 있기 때문이다. 어려운 지역일수록 지나고 보면 더 보람이 있고 기억에도 남는다. 나는 특히 무더운 나라에서 세 번이나 살았다. 사우디에서 한창 더울 때는 55도가 넘는다. 사우나에 들어가는 느낌이다. 태국 방콕과 미국 휴스턴은 날씨가 비슷하다. 기온도 40도를 넘나들 정도로 무덥다. 그런데 요즘 우리나라 날씨를 보면 한국이 방콕이나 휴스턴보다 더 무덥다는 느낌이 들기도 한다. 지구온난화 탓도 있겠지만 우리나라 기후도 점차 아열대성 기후를 닮아가는 것 같다.

서울에는 한강이 있다. 그런데 내가 살던 사우디 리야드와 미국 휴스턴은 강이 없어 삭막했다. 런던, 리야드, 워싱턴, 방콕, 휴스턴에는 주위에 산이 없다. 서울은 아름다운 강과 산들이 있으니 얼마나 아름다운가.

외교부와 유네스코한국위원회에서 근무하면서 지금까지 내가 살거나 방문한 나라를 세어보니 대략 80개국쯤 된다. 가까운 아시아는 물론이고 유럽과 미국, 중동과 중남미, 아프리카까지 웬만한 곳에는 발길이 닿은 것 같다. 우리가 경제적으로 어려웠을 때는 우리나라보다 살기 좋은 나라가 많았다. 하지만 지금은 우리나라보다 생활여건이 더 나은 나라가 별로 많은 것 같지 않다. 한국만큼 살기 좋은 나라가 그리 많지 않다고 느낀다.

Q&A

Q & A

알아 두면 좋을
위기 대처 능력이 있을까요?

내가 미국 휴스턴에서 총영사로 근무하던 2005년 8월의 어느 날이었다. 당시 루이지애나 주의 최대 도시인 뉴올리언스가 허리케인 카트리나에 초대형 재난을 겪었다. 도시 안으로 뻗어 있는 운하의 제방 4개가 광풍을 견디지 못하고 무너지면서 도시의 80%가 순식간에 물에 잠겼다. CNN 방송은 시신들이 물에 둥둥 떠다니는 참혹한 모습을 화면에 내보냈다. 통신이 두절되고 시내는 약탈이 판치는 무법천지가 되었다. 미국은 물론 우리나라도 발칵 뒤집혔다. 당시 뉴올리언스에는 2,500여 명의 교민이 살고 있었다. 미국 정부가 강제대피령을 내리고, 뉴올리언스로 가는 고속도로 입구에는 무장경찰이 배치돼 진입을 막았다.

하지만 재외국민의 안전을 책임진 총영사로서 영사관 책상에 앉아 피해 상황만 집계할 수는 없었다. 주변의 반대에도 불구하고 나는 현장구조단을 구성해 뉴올리언스로 직접 들어가기로 결정했다. 재난현장으로 가서 교민들의 피해 상황을 살피고 한 명이라도 더 구호하는 것이 공직자로서 마땅히 해야 할 임무라고 여겼기 때문이다. 발 빠른 초기 대처와 교민들의 신속한 대피 덕분에 기적 같은 일이 일어났다. 현지에서 수천 명의 희생자를 낳은 카트리나 사태 때 우리 교민의 인명 피해는 단 한 건도 없었다. 외교관은 위기의 순간에, 국가와 국민을 위해 자신을 던질 수 있는 사람이어야 한다.

당시 나를 비롯한 현지 외교관들이 자신의 안위를 지키기에 급급했다면, 뉴올리언스는 우리 교민에게 '통한의 땅'이 되었을지도 모른다.

외교관으로서 내가 삶의 나침반으로 삼았던 것은 태극기였다. 30여 년 전 첫 해외 임지로 떠나던 날, 아버지가 보자기 하나를 내미셨다. 뜻밖에도 그 안에는 고이 접힌 태극기가 담겨 있었다. '어디를 가든 대한민국을 대표한다는 걸 잊지 마라. 어느 자리든 국가와 국민만 바라보고 일하라'는 깊은 의미가 담긴 선물이었다. 오랜 기간 외교관 생활을 하는 동안, 큰 어려움에 처할 때마다 나는 그날의 태극기를 꺼내 보았다. 그러면 공직자로서 내가 가야 할 길이 뚜렷이 보이곤 했다. 미국에서 사상 최악의 재해 중 하나로 꼽히는 '허리케인 카트리나' 사태 때도 마찬가지였다.

이렇게 위기를 기회로 만드는 법을 터득해야 하는 것도 능력이다. 위기 대처 능력은 한순간에 만들어지는 것이 아니다. 외교관으로 입문하는 이들이 앞으로 나의 경우처럼 위기와 시련의 순간을 만나게 될지 모른다. 때론 험지의 공관에서, 때론 재난의 현장에서 시험대에 올라야 할지도 모른다. 하지만 한 가지 분명한 것은 외교관으로서의 미래는 그 위기와 시련 자체가 결정짓는 것이 아니라는 사실이다. 여러분의 미래는 위기와 시련의 시기를 당신이 어떻게 보내느냐에 따라 달라질 것이다.

TIP

여성 외교관의
험지 근무

국내외에서 번갈아 순환 근무가 이뤄지는 직업의 특성상 여성 외교관도 해외공관 근무를 해야 한다. 문제는 임지다. 여성 외교관들이 정변의 위험이 크거나 근무 여건이 열악한 아프리카 등의 험지에서 일할 수 있느냐가 관건이다.

여성 외교관의 수가 많지 않던 시절에는 선·후진국을 교차 근무토록 하는 '냉탕 온탕' 인사발령 원칙에서 여성 외교관에게 어느 정도 예외를 인정해 주기도 했다. 그러나 여성 외교관의 수가 압도적으로 많아지면서 이런 '배려'는 더 이상 가능하지 않게 됐다. 이젠 남녀 불문하고 번갈아 험지 근무를 해야 하는 상황이다. 여성 외교관에 대한 배려가 자칫 남성 외교관에 대한 역차별로 비칠 수도 있어 예외를 인정해 주기가 더욱 어렵게 됐다.

실제로 최근에는 여성 외교관이 '분쟁 지역'의 재외공관에서 성공적으로 근무한 사례들이 보고되고 있다. 한 중견 여성 외교관의 경우, 정정이 불안하고 치안이 취약한 아프가니스탄 파르완 지역에서 활동하고, 뒤이어 에티오피아에서도 훌륭히 임무를 마치고 본부에 복귀해 화제가 되기도 했다. 그는 현지에서 보니 외국의 경우 여성 외교관들이 많이 나와 활동하고 있었다고 말한다. 험지 임무를 성공적으로 수행한 그녀의 사례는 다른 여성 외교관들에게도 용기와 자신감을 불어넣는 본보기가 되고 있다.

DIPLOMAT

실전 4 외교관후보자 선발시험

제1차
시험 준비

외교관후보자 선발시험은 제1차 시험(선택형 필기시험), 제2차 시험(논문형 필기시험), 제3차 시험(면접시험)이 단계별로 실시된다. 제1차 시험에서는 외교관후보자 채용 예정 인원의 10배 이내(2018년의 경우 7배가량)를 뽑고, 제2차 시험에선 채용 예정 인원의 1.5배를 뽑는다. 제3차 시험에서는 채용 예정 인원수대로 후보자를 선발한다. 최종 합격한 후보자는 국립외교원에서 1년간 정규과정 교육을 받아야 한다. 먼저 제1차 시험에 대해 살펴보자.

제1차 시험에서 필수과목은 공직적격성평가(PSAT), 헌법, 영어, 한국사이며 선택 또는 지정 과목은 제2외국어 능력(외교전문 분야 제외)이다. 이 가운데 시험장에서 실제로 시험을 보는 과목은 PSAT와 헌법, 2개뿐이다. 영어와 제2외국어는 외국어능력검정시험 성적으로, 한국사는 한국사능력검정시험 성적으로 대체한다. 따라서 먼저 영어와 제2외국어, 한국사 등의 검정시험에서 양호한 점수를 획득해 두고, 1차 시험을 앞두고는 PSAT와 헌법 공부에 집중하는 것이 전략적으로 필요하다.

무엇보다도 중요한 것은 PSAT이다. 영어, 제2외국어, 한국사는 제1차 시험의 당락에 영향을 미치지 않으므로 외부 검정기관에서 취득한 '기준 점수 이상의 성적'을 제출하면 된다. 헌법도 제1차 시험 합격선을 결정할 때 총 점수에 합산하지 않기 때문에 100점 만점(25개 문항) 중 60점 이상을 얻어 '패스(Pass)'만 하면 된다. 결국 제1차 시험의 당락을 결정짓는 것은 PSAT 성적이다.

공직적격성평가(PSAT)는 공직수행에 필요한 종합적 사고력을 검정하는 선택형 필기시험이다. 평가과목은 언어논리영역, 자료해석영역, 상황판단영역 3개다. 각 과목은 각각 40문항, 100점 만점이며, 한 문제당 배점은 2.5점이다. 3개의 평가과목을 살펴보면 다음과 같다.

① **언어논리영역:** 문장의 구성이나 이해, 표현, 논리적 사고 등을 측정해 대인관계 의사소통 등 직무수행에 필수적인 능력을 평가한다. 지문(제시문) 분량이 많은 문제들이 대부분이므로 지문을 읽고 문맥을 빨리 파악하는 것이 중요하다.

② **자료해석영역:** 기초 통계, 수 처리, 응용 계산, 수학적 추리, 정보화 등의 능력을 평가한다. 도표나 통계 데이터 등을 제시하고, 해당 표나 데이터를 분석 및 해석, 응용해 푸는 유형의 문제가 많다. 단,

시험장에서 계산기를 사용할 수 없다.

③ **상황판단영역:** 연역추리력, 문제해결, 판단, 의사결정 능력을 측정해 기획, 분석, 평가 등의 업무수행에 필수적인 능력을 평가한다. 논리게임, 언어 추리 등 다양한 유형의 문제가 출제되며 지문 분량이 많은 편이다.

외교관후보자 선발시험은 제1차 시험에서 각 과목 만점의 40% 이상, 전 과목 총점의 60% 이상 득점하지 못하면 불합격 처리된다(총점의 경우, 지역외교 및 외교 전문 분야 제외). 제1차 시험 점수는 사실상 PSAT 점수와 마찬가지이므로, 일단 언어논리-자료해석-상황판단 3개 과목에서 각각 40점 이상을 받아야 한다. 또한 이 3개 과목의 점수 합계가 180점(60%)을 넘어야 불합격을 면한다.

참고로 2019년 선발시험의 경우, 제1차 시험에서 일반외교 분야의 합격선은 71.66점, 합격자는 224명이었다. 또한 합격자들의 제1차 시험 평균 점수를 살펴보면 95점 이상과 90~95점 미만은 없었고, 85~90점 미만 4명, 80~85점 미만이 35명에 불과했다. PSAT가 얼마나 어려운 과목인지 시험 결과가 보여 주는 셈이다.

Q&A

PSAT 전략 어떻게 짜야 할까요?

PSAT에서 합격선 이상의 점수를 얻으려면 자신에게 적합한 공부 전략이 꼭 필요하다. PSAT 전문가들과 합격자들이 말하는 수험 전략을 정리해 보면 크게 3가지로 요약할 수 있다.

① 기출문제를 최대한 많이 풀어 보기

PSAT는 많은 사전 지식을 필요로 하는 시험이 아니라 지문을 제시한 뒤 이를 토대로 사고력과 이해력, 추리력과 판단력 등을 종합적으로 검증하는 시험이다. 각 과목당 90분이라는 제한 시간 안에 40문항의 문제를 풀어야 한다. 시험 방식과 문제의 유형에 익숙하지 않으면 좋은 결과를 기대하기 어렵다. 반면, 기출문제를 많이 풀면 문제의 패턴과 출제 의도를 빨리 파악할 수 있어 유리하다. 덤으로 문제를 푸는 감과 요령도 얻을 수 있다. 무엇보다도 기출문제를 풀 때는 '실전처럼' 해야 효과가 크다. 90분으로 시간을 정해 놓고 실제 시험장에서 시험을 치르듯 시간을 배치해 문제를 풀어야 한다.

기출문제를 푼 다음에는 틀린 문제에 대해 반드시 되짚어 봐야 한다. 왜 틀렸는지 철저하게 분석해 문제의 유형과 원리, 적절한 해법을 파악해야 한다. 이런 과정을 거치지 않으면 그다음에도 비슷한 유형의 문제를 틀릴 가능성이 크다. 특히 상당수 응시자들이 가장 어렵게 느끼는 자료해석영역의 경우, 기출문제를 반복해 풀며 계산 능력과 응용력을 함께 끌어올려야 한다.

② 전문학원이나 스터디 그룹을 활용하기

PSAT는 3개 영역으로 구성되어 있고 각 영역마다 다양한 문제 유형이 존재한다. 혼자서 모든 유형을 파악하고 각 유형의 원리와 풀이 방법을 소화하기는 쉽지 않다. 특히 상황판단영역은 언어논리 및 자료해석영역을 합쳐 놓은 듯 복합적인 문제가 많아 응시생들이 애를 먹는다. 만약 자신이 잘 모르는 유형의 문제에 대해 원리와 풀이 요령을 짚어 줄 도우미가 있다면 공부 효율을 더 높일 수 있을 것이다. 이를 위해 PSAT 전문학원을 다니거나 스터디 그룹을 만들어 공부하는 것도 좋은 방법이다. 전문학원에서는 각 영역의 문제 유형과 출제 의도, 풀이 방식을 좀 더 체계적으로 익힐 수 있다. 스터디 그룹을 통해서는 자신이 취약한 유형의 문제에 대해 서로 도움을 주고받을 수 있다. 고독하고 힘든 수험준비 기간에 서로에게 격려와 위로가 된다는 점도 장점이다.

③ '선택과 집중'을 연습하기

제1차 시험은 3교시에 걸쳐 치러진다. 1교시에는 헌법(25분)과 언어논리영역(90분), 2교시에는 자료해석영역(90분), 3교시에는 상황판단영역 과목(90분) 시험을 본다. 그런데 3개 영역의 시험 문제지를 처음 받으면 숨이 턱 막힐 정도다. 각 영역의 문제지 분량만 20쪽에 달하기 때문이다.

각 영역당 90분 동안 40문제를 풀어야 하니 한 문제에 2분 15초 이상 쓸 수 없는 셈이다. 검토하고 옮겨 적는 시간을 감안하면 적어도 한 문제를 2분 안에 풀어야 한다. 역시 적절한 시간 안배가 중요하다. 한두 문제를 푸느라 너무 지체하면, 시간에 쫓겨 정작 쉬운 문제들을 놓치기 쉽다. 특히 PSAT에는 풀이 시간이 오래 걸리는 유형의 문제가 많아 '선택과 집중' 전략이 필요하다. 모든 문제를 다 맞히면 가장 좋겠지만 2019년 제1차 시험 합격선에서 보듯 현실은 녹록하지 않다. 1차 시험 합격자 중 상위 10%도 각 영역당 문제 3~6개씩은 틀렸다. 문제가 안 풀리면 미련을 버리고 과감하게 다음 문제로 넘어가야 한다.

유형이 눈에 익은 문제, 자신 있는 문제부터 풀고 그다음 어려운 문제에 접근하라는 것이다. 시간이 남으면 다시 이 문제에 되돌아올 기회가 있다. 평소 기출문제를 풀 때에도 반드시 잘 안 풀리는 문제를 뛰어넘는 훈련을 해야 한다. 그냥 지나친 문제에는 뚜렷이 표시를 남겨 나중에 혼동하지 않도록 해야 한다. 이처럼 '선택과 집중'을 훈련한 사람과 하지 않은 사람의 차이는 시험 결과로 나타난다. 시험장에서 너무 긴장하면 집중력이 오히려 떨어지니 자기 나름대로 평정심을 기르는 훈련을 할 필요도 있다.

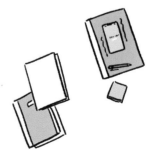

Q&A

헌법 공부는
어떻게 하나요?

헌법은 제1차 시험에서 1교시에 첫 번째로 치르는 시험과목이다. 헌법 과목은 '60점 패스(Pass)제'가 적용된다. 25분간 25문항(100점 만점)을 풀어 60점 이상을 획득하면 합격(패스)이다. 앞에서 밝혔듯이 제1차 시험 합격선을 결정할 때 헌법 과목 점수는 합산하지 않는다. 따라서 헌법 공부에 투입하는 시간을 최소화하면서 합격권 이상의 안정적인 점수를 올릴 수 있는 '패스' 전략이 필요하다. 단, 헌법에서 '패스'하지 못하면 제1차 시험도 불합격이라는 점을 명심해야 한다. 헌법은 100점을 목표로 할 필요는 없지만 80점 정도를 목표로 공부하는 것이 좋다.

[예시] 2018년 기출문제(나 책형)

문1. 조약과 일반적으로 승인된 국제법규에 대한 설명으로 옳지 않은 것은?
   (다툼이 있는 경우 판례에 의함)

1. 전 세계적으로 양심적 병역거부권의 보장에 관한 국제관습법이 형성되었다고 할 수 없어 양심적 병역거부가 일반적으로 승인된 국제법규로서 우리나라에 수용될 수 없다.

2. 법률적 효력을 갖는 조약은 헌법재판소의 위헌법률심판의 대상이 될 수 있다.

3. 주권의 제약에 관한 조약은 체결할 수 없다.

4. 조약안은 국무회의의 심의를 거쳐야 한다.

헌법은 본문 130조, 부칙 6조로 구성된 대한민국의 근본법이다. 다른 법령에 비해 조문은 많지 않지만 결코 쉬운 과목이 아니다. 국가의 통치이념과 원리, 국민의 권리와 의무, 국회와 정부, 헌법재판소 등 국가기관을 운영하는 기본 원칙, 선거 관리, 지방자치, 경제 등을 모두 아우르는 최고의 법이기 때문이다.

헌법은 법을 전공한 사람이 아니면 대학에서 배울 기회가 거의 없으니 혼자 공부하기보다 전문학원에서 수강하기를 권한다. 다만, 제1차 시험을 준비할 때 어느 수준까지 공부해야 할지가 중요하다. 법원행시(행정고등고시)의 헌법, 변시(변호사시험)의 공법 과목 수준은 외교관후보자 시험의 헌법 과목 수준보다 높기 때문이다. 외교관후보자 시험 응시자들은 그 정도까지 깊게 공부할 필요는 없다. 전문 강사에게서 적절한 수준의 헌법교재와 공부 범위에 대해 정보를 얻는 게 유리하다.

헌법은 조문과 이론을 먼저 잘 익혀야 한다. 이론 자체가 시험에 많이 나오지 않으나 이론을 알지 못하면 판례를 이해할 수 없다. 헌법 시험문제의 70% 이상이 판례에서 나온다. 사례별로 위헌이냐 합헌이냐, 그리고 판시 이유 등을 물어보는 문항이 많다. 최근의 위헌과 합헌 판례들은 암기해 두는 게 좋다.

헌법부속법률도 시험범위에 들어간다. 부속법률은 매우 까다롭다. 정부조직법, 지방자치법, 국회법, 헌법재판소법, 정당법, 정치자금법 등 범위가 워낙 넓어 다 공부하기도 어렵다. 부속법률에 많은 시간을 투자할 필요는 없다. 법률전문직이 아니라 외무공무원 지원자가 치르는 시험이므로 난이도가 비교적 높지 않다. 기출문제 등을 통해 정부조직법, 지방자치법, 국회법 등 시험에 많이 나오는 법과 출제 경향을 파악해 둘 필요가 있다.

헌법 과목은 교재를 잘 선택해야 한다. 여러 교재로 공부하기보다 시험 수준에 맞는 한 권의 교재를 선택하여 완전히 자기 것으로 만들 때까지 반복하여 공부하는 것이 좋다. 아울러 기출문제 풀이를 병행한다면 헌법 과목에 대한 부담을 한결 덜 수 있을 것이다.

Q & A

외부 검정시험 대체 과목은 어떻게 준비해야 하나요?

① 영어

영어 과목은 영어능력검정시험 성적으로 대체한다. 단, 해당 영어시험이 외교관후보자 선발시험 예정일로부터 역산해 3년이 되는 해의 1월 1일 이후에 실시된 것이어야 한다. 예를 들어 2020년도 시험에 응시하는 사람은 2017년 1월 1일 이후 실시된 영어시험 성적을 사이버국가고시센터를 통해 미리 등록하거나, 응시원서를 접수할 때 제출해야 한다.

TOEIC, TOEFL, TEPS, G-TELP는 자체 유효기간이 2년이라 유효기간이 경과하면 인사혁신처가 지원자의 성적을 조회할 수 없으니 유효기간이 만료되기 전에 사이버 국가고시센터를 통해 자신의 점수를 미리 등록해 두어야 한다. 또한 해당 검정시험기관의 정규(정기)시험 성적만 인정되고 수시 및 특별시험 성적은 인정되지 않으니 주의해야 한다. 제1차 시험에서 요구하는 영어의 기준 점수는 시험 기관별로 다음과 같다.

◇ 시험기관별 영어 기준 점수

TOEFL			TOEIC	TEPS	G-TELP	FLEX
PBT	CBT	IBT				
590점	243점	97점	870점	800점	88점(level 2)	800점

② 제2외국어

제2외국어는 선발 분야 및 지역에 따라 선택과목이 달라진다. 일반외교 분야 응시자는 독어, 불어, 러시아어, 중국어, 일어, 스페인어 중 한 과목을 선택하면 된다. 지역외교 분야를 지원하는 사람은 선발지역에 따라 외국어 선택과목이 지정된다. 중동은 아랍어를, 아프리카는 불어를, 중남미는 스페인어를, 러시아·CIS는 러시아어를, 아시아는 말레이·인도네시아어를 선택해야 한다. 불어, 스페인어, 러시아어는 외국어능력검정시험 성적으로 대체한다. 아랍어와 말레이·인도네시아어도 어학검정시험으로 대체하지만 대체 검증기관이 없어 인사혁신처가 제2차 시험 합격자들을 대상으로 별도의 대체시험을 실시한다. 외교전문 분야를 지원하는 사람은 제2외국어 검정을 면제한다.

◇ 분야별 제2외국어 선택

분야	제2외국어
일반외교 분야	독어, 불어, 러시아어, 중국어, 일어, 스페인어 중 1과목
지역외교 분야	불어(아프리카), 러시아어(러시아·CIS), 중국어, 일어, 스페인어(중남미), 아랍어(중동), 포르투갈어, 말레이·인도네시아어(아시아) 중 1과목
외교전문 분야	외국어 선택과목 생략

※ 어학검정시험이 없는 외국어 선택과목은 제3차 시험에서 평가 가능하며, 이 경우 제2차 시험 합격자를 선발예정인원의
   5배수 이내에서 선발할 수 있다.
※ 합격자는 자격요건 충족자 중 PSAT 성적순으로 10배수 이내 결정

③ 한국사

한국사 과목은 한국사능력검정시험으로 대체한다. 응시자는 국사편찬위원회가 시행하는 한국사능력검정시험을 치러 2급(60~69점) 이상의 성적표를 응시원서를 접수할 때 제출해야 한다. 단, 최종 시험 시행예정일로부터 역산해 3년이 되는 해의 1월 1일 이후 실시된 시험성적만 인정된다.

한국사 검정시험은 고급(1, 2급) 중급(3, 4급) 초급(5, 6급) 등 3개의 평가등급으로 구분해 연간 4회, 분기에 한 번씩 실시된다. 외교관후보자 선발시험 및 5급 공무원 공채시험 응시자는 이 중 '고급' 등급 시험에서 60점 이상의 점수를 얻어야 한다. 시험은 50문항, 100점 만점으로 구성되며 문항별로 1~3점이 차등 배점된다(각 문항에 배점이 표시된다). 고급 등급의 시험시간은 80분이다. 한국사 검정시험은 사진 및 그림 자료가 함께 제시되는 문항이 많으므로 우리 역사를 공부할 때 관련 사진자료도 함께 눈에

익혀둬야 한다. 또한 초등학생을 포함해 대한민국 국민과 외국인 누구나 응시가 가능하므로, 외교관후보자 선발시험에 도전하기 1~2년 전에 미리 합격(인증)해 둘 필요가 있다. 보다 상세한 사항은 국사편찬위원회 사이트(www.historyexam.go.kr)에서 확인할 수 있다.

기출문제는 국사편찬위원회 사이트 → 한국사능력검정시험 → 문제관리 → 시험자료실 순으로 들어가 문제와 정답을 확인할 수 있다.

제2차
시험 준비

　외교관후보자 선발 제2차 시험은 제1차 시험 합격자와 면제자(전년도 제3차 시험 탈락자 중 원서 접수자)를 대상으로 학제통합논술시험I, 학제통합논술시험II, 전공평가시험(경제학·국제법·국제정치학 등 3개 과목)으로 구분하여 시행한다. 제2차 시험에서는 이 3개 시험의 성적을 종합하여 성적순으로 합격자를 선발한다. 단, 지역외교 및 외교전문 분야 응시자는 2019년도부터 제2차 시험을 서류전형으로 대체한다.

　제2차 시험에서도 각 과목에서 만점(배점 100점)의 40% 이상 득점하지 못하면 불합격 처리된다. 참고로 2018년의 경우, 제2차 시험 합격자의 평균 점수는 54.00점, 일반외교 분야의 합격선은 52.06점이었다. 2019년의 경우, 제2차 시험 일반외교 분야의 합격선은 64.81점으로 12.75점이 증가했다. 오지선다형의 객관식 문제가 출제되는 제1차 시험과 달리, 제2차 시험은 서술형 문제가 출제된다. 따라서 문제에서 요구하는 논점을 정확하게 파악하고 핵심을 얼마나 정연하게 서술하느냐가 관건이다.

일반외교 분야		지역외교 분야	외교전문 분야
학제통합논술시험 국제정치학·국제법·경제학 3과목을 통합해 출제 학제통합논술Ⅰ, 학제통합논술Ⅱ 각 100점		제2차 시험을 서류전형으로 대체	
전공평가시험 국제법·국제정치학·경제학 약술형 문제 출제 과목별 각 100점			

지역외교, 외교전문 분야의 달라지는 제2차 시험

2019년도부터 지역외교 및 외교전문 분야의 제2차 시험은 서류전형으로 대체되었다. 서류전형에서는 '응시요건 충족 여부'와 '자기소개서-직무수행계획서'를 평가해 합격자를 결정한다. 외교관후보자로서 갖추어야 할 역량(사고력, 논리력, 글쓰기 능력 등)을 절대평가 방식으로 평정하며, 서류전형을 담당하는 시험위원 과반수가 미흡하다고 평정한 경우에만 불합격 처리된다. 자기소개서와 직무계획서에 대해서는 '표절 검사'를 실시하며, 그 결과에 따라 불합격으로 처리될 수 있다는 점을 유의해야 한다. 한편 지역외교 및 외교전문 분야의 경우 2021년부터 경력공채 방식으로 응시요건이 전환될 예정이다.

시간을 아껴 집중하라

외교관후보자 선발시험은 오래 준비한다고 절대 유리한 게 아니다. 가장 합격률이 높은 시기는 시험 준비를 시작한 지 1~2년 차다. 3년이 넘으면 합격률이 오히려 떨어진다. 자칫하면 시험 준비가 '직업'이 되기 쉽다. 외교관이 되기로 마음먹었으면 모든 것을 접어 두고 공부에 전념하기를 권한다. 관건은 공부 기간이 아니라 집중력이다.

내 경험을 나누면 어떨까 한다. 내 경우엔 몇 년 계속 외무고시에서 떨어졌었다. 근소한 점수 차이로 떨어질 때가 더 문제였다. 다음엔 합격할 것 같은데 역시 고배를 마시곤 했다. 도전을 포기하고 민간기업에 취업했다.

그러나 만족할 수가 없었다. 일 년 동안 기업체에서 일하다 결국 연말에 사표를 내고 이듬해 제2차 시험에 대비해 준비를 시작했다. 시험이 꼭 두 달 남은 시기였다. 1월과 2월 영하 20도까지 내려가는 혹한의 계절, 새벽에 일어나 남산시립도서관에 가서 12시간씩 공부했다. 내 인생에서 그때만큼 집중해서 공부한 적이 없었다. 이번에 낙방하면 달리 길이 없다는 '절박함' 때문이었다. 그 절박함 덕분에 나는 외무고시에 합격했고 외교관이 되었다. 돌이켜보니 전에 이렇게 집중해서 공부했더라면 합격 시기를 몇 년은 더 앞당겼을지도 모르겠다는 생각이 들었다. 외교관후보자가 되고자 하는 후배들에게 '시간을 아껴라' 그리고 무엇보다도 '집중해서 공부하라'고 조언하고 싶다. 젊을 때라서 앞으로도 시간은 많은 듯 여겨지겠지만, 시간의 무게는 점점 더 무거워지는 법이다.

Q&A

학제통합논술시험은 어떻게 대처해야 할까요?

학제통합논술시험은 단순히 지식을 측정하는 시험이 아니라 외교관에게 꼭 필요한 종합적 사고 능력을 평가하기 위한 시험이다. 국제정치학, 국제법, 경제학의 범위 안에서 몇 가지 제시문을 내보이고 이를 토대로 상황분석력, 종합적 사고력, 논리력, 문제해결 능력, 의사결정 능력 등을 평가할 수 있는 문제가 출제된다. 제시문에는 인문학, 철학 등 다른 학문과 관련한 정보가 활용되기도 한다.

2018년 제2차 시험의 경우, 학제통합논술시험Ⅰ에서는 유럽연합(EU)의 안보, 경제, 법체제 등과 관련한 제시문 3개(각 제시문은 3개의 지문으로 구성)를 내보이고, 이와 연관된 4개의 문제(각 25점)가 출제됐다. 또한 학제통합논술시험Ⅱ에서는 해외원조와 관련된 제시문 6개를 내보이고 각각 2개의 문항으로 구성된 3개의 문제[각각 35점(15점, 20점), 35점(15점, 20점), 30점(15점, 15점)]을 냈다. 시험시간은 2017년 학제통합논술시험 Ⅰ·Ⅱ보다 30분씩 늘어나 각각 2시간이 배정되었다.

학제통합논술시험에는 국제정치학, 경제학, 국제법과 관련된 최근 이슈를 중심으로 문제가 나오는 경향이 있다. 평소 신문기사, 특히 이슈에 대한 분석 기사를 읽고 재정리하여 '이슈 노트'를 만들어 놓고 새로운 흐름과 정치적·법적·경제적 쟁점을 그때그때 추가해 두면 도움이 될 것이다. 답안을 작성할 때엔 먼저 문제의 논점을 파악하고, 이

에 맞는 결론을 1차로 정리한 상태에서 글을 전개하는 게 낫다. 또한 모든 문제에 같은 시간을 할애하기보다는 자신이 아는 범위와 문제의 배점을 고려해 시간 분배를 하는 전략도 필요하다.

참고로 학제통합논술시험 답안을 정정하고자 할 경우에는 응시자 본인이 가져온 수정테이프를 사용하거나 수정할 부분을 두 줄로 긋고 그다음부터 다시 작성할 수 있다. 단 수정액 또는 수정스티커 등은 사용할 수 없다는 점에 유의하자.

Q&A

전공평가시험은 어떻게 준비해야 하나요?

전공평가시험은 외교관에게 필요한 기초 지식을 측정하기 위한 것으로 국제정치학, 경제학, 국제법 3개 과목에 대해 약술형으로 출제된다. 약술형은 논술형보다 간략하게 서술하는 형식을 말한다. 국제정치학의 출제 범위에는 외교사 및 군축·안보 분야가, 경제학에는 국제경제학이, 국제법에는 국제경제법이 각각 포함된다. 시험시간은 과목당 2시간, 배점은 각각 100점이다. 앞서 밝혔듯이, 전공평가시험은 일반외교 분야 응시자에 한해 시행된다. 이제 전공평가시험의 각 과목별 공부 방법에 대해 알아보자.

Q&A

① 국제정치학

국제정치학 시험문제는 크게 이론, 이슈, 외교사 등의 3개 파트로 구분할 수 있다. 국제정치학 이론의 경우엔 사례나 현상을 제시하고 해당 이론에 대한 지식을 묻거나 이론의 적용을 요구하는 문제가 출제되는 경향이 있다. "국제사회의 무정부 상태에 대한 케네스 월츠의 견해를 '공격적 현실주의'의 입장에서 논하라"고 요구한 2018년 국제정치학 시험 제1문의 1번 항(아래 예시 참고)이 여기에 해당된다고 볼 수 있다. 국제정치학 이론은 패러다임이 다양하게 얽혀 있기 때문에 현실주의, 자유주의, 구성주의 등 각 패러다임별 이론과 요점을 정리해 놓고 공부하는 게 낫다.

이슈와 관련된 문제의 경우, 최근의 이슈는 물론 현재의 현상과 연계 혹은 비교되는 과거의 이슈를 테마로 삼는 경향도 있으니 유의해야 한다. 뉴스를 통해 국제 정세와 시사 이슈를 꾸준히 체크할 필요가 있다. 국제정치 전문가들이 국제질서를 바라보는 시각과 논리, 국가 간 역학관계의 변화 등이 담긴 서적을 평소에 읽고 요점을 정리해 두면 도움이 된다. 최근 3년간 시험에서 군축, 핵 안보 관련 문제가 출제되지 않았으니 이 부분에 대한 정리도 필요할 듯하다.

외교부 국립외교원의 외교안보연구소(www.ifans.go.kr)가 매월 두세 차례 발간하는 '주요 국제문제 분석'도 좋은 학습 자료가 될 수 있다. 무엇보다도 팩트와 이론적인 분석이 잘 정리되어 있다. 국문 자료뿐만 아니라 영문 자료도 많아 눈에 익혀 두면 나중에 영어 집단토론 때도 도움이 된다. 국립외교원 사이트(www.knda.go.kr)에서 자료를 찾아볼 수 있다.

이슈와 관련해 공부할 때 유의해야 할 부분은 이슈의 범위를 매번 너무 확장시키지 말라는 것이다. 시험 전까지 주요 이슈를 여러 차례 반복해 보며 요점을 머릿속에 넣어야 하는데, 너무 가짓수를 늘여 놓으면 시간상으로 읽기에 급급할 수밖에 없다. 모든 이슈를 수박 겉핥기식으로 읽는 것보다는 예상 주제별로 범위를 좁혀 이론, 논점 등을 반복해서 공부하는 것이 오히려 낫다.

외교사는 근래에 출제 빈도가 높아지고 있으며 배점 비중도 적지 않은 편이다. 국제 질서에 영향을 끼친 사례, 특히 우리나라, 한반도, 동북아에 직간접으로 영향을 끼친 사례는 일단 암기해 두고, 이들 사례를 바라보는 전문가의 시각을 함께 공부해야 한다. 외교사를 꼼꼼히 공부해두면 가상의 상황이 아니라 실제 사례를 통해 논거를 전개할 수 있는 이점이 있으니 다른 과목 시험에서도 도움이 될 수 있다.

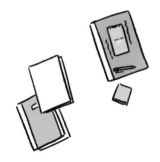

[예시]

2018년 외교관후보자 선발 제2시험

국제정치학 (3개 문항, 총 100점 배점)

제1문. 국제사회의 무정부 상태하에서 국가 간 협력이 가능한지 여부는 국제정치학의 핵심 논쟁 중 하나이다. 예컨대, 신현실주의자들이 보기에 '죄수의 딜레마'와 '사슴사냥' 게임은 국가 간 협력의 어려움을 상징한다. 이와 관련하여 다음 물음에 답하시오. (총 40점)

1) 국제사회의 무정부 상태에 대한 케네스 왈츠(Kenneth Waltz)의 견해를 공격적 현실주의의 입장에서 논하시오. (20점)

2) '죄수의 딜레마'와 '사슴사냥' 게임에 대한 신현실주의의 견해를 설명하고, 이에 대해 케네스 오이(Kenneth Oye) 등이 'Cooperation Under Anarchy'에서 제시한 비판적 관점을 논하시오. (20점)

② 경제학

경제학은 크게 미시경제학과 거시경제학으로 구분되며, 시험 범위에는 국제경제학도 포함된다. 먼저 '미시경제원론', '거시경제원론', '미시경제학', '국제경제학' 등의 교과서를 통해 주요 개념을 이해하고 기본이론을 숙지해야 한다. 미시경제학 → 거시경제학 → 국제경제학 순으로 공부하는 것이 전반적인 이해에 도움이 된다. 그 후에 예상문제집, 기출문제, 주요 대학 모의고사 문제 등을 풀며 개념과 이론을 사례에 적절히 응용하는 공부를 해야 한다.

그다음으로 논리적이고 체계적으로 답안을 작성하는 연습이 필요하다. 우수 답안 사례들과 자신의 답안을 비교해 보고, 부족한 부분을 보완해야 한다. 경제학은 범위가 넓은 데다 '경제수학', '통계학' 등의 수리능력도 필요해 점수 편차가 큰 과목이다. 학생인 경우 수학 공부에 신경 써야 하고, 수학적 기초가 부족한 성인이라면 고등학교 수학 공부를 다시 해야 한다.

경제학 시험을 준비하려면 무엇보다도 교재 선택이 가장 중요하다. 특히 경제학 비전공자는 입문서를 먼저 선택해 기본 개념과 이론을 충분히 이해하고 숙지한 다음에 더 깊이 있는 책으로 공부할 필요가 있다. 또한 전문학원 수강을 통해 출제의 흐름, 유형, 답안 작성 요령 등을 파악하고 모의시험 경험을 쌓는 것도 중요하다.

[예시]

2018년 외교관후보자 선발 제2시험

경제학 (3개 문항, 총 100점 배점)

> 제1문. 우리나라 기업인 H사와 외국 기업인 F사는 우리나라 스마트폰시장에서 이윤극대화를 목표로 경쟁을 하고 있다. 우리나라 스마트폰시장은 $p=a-b(qH+qF)$의 시장수요함수를 갖는다. qH는 H사 생산량, qF는 F사 생산량을 나타낸다. 두 기업의 한계비용은 c로 동일하며, 우리나라 시장에 수출하는 F사는 우리나라의 보호무역정책으로 인하여 스마트폰 한 대당 t의 수출비용을 지불해야 한다. 다음 물음에 답하시오. (단, $a > c, t > 0$) (총 35점)

1) H사는 F사 생산량을 예측하여 F사보다 먼저 생산량을 결정하였고, 이에 따라 F사는 생산량 결정 시 H사 생산량 정보를 파악하고 있었다. 이때 임의의 t에 대하여 각 기업의 생산량을 구하시오. (15점)

2) H사와 F사가 동시에 생산량을 결정한다고 하자. 이때 각 기업의 생산량을 구하시오. (10점)

3) 1)과 2)의 결과를 비교하여 양국 간 어떤 경우에 더 많은 교역이 발생하는지 설명하시오. (10점)

③ 국제법

국제법은 법학 비전공 응시자들이 가장 어렵게 생각하는 과목이다. 법적 개념이 낯선데다가 익혀야 할 조문도 워낙 많기 때문이다. 특히 국제법은 계속 변화하고 있어 최근 입법 및 판례에 대해서도 추가적으로 공부를 해야 한다.

국제법은 'Introduction to International law', 'International trade law', '국제법총론', '국제법 원서강독' 등 기본이 되는 교과서나 교재를 정해 먼저 주요 개념과 맥락을 공부해야 한다. 국제법에서 가장 중요한 부분은 크게 조약과 판례 두 가지로 볼 수 있다. 조약의 경우, 다자 조약을 테마별로 구분해 조약의 배경, 내용, 변화상, 적용 사례 등을 정리해 놓고 공부하는 게 좋다. 판례도 마찬가지다. 판례가 나온 배경, 쟁점, 영향 등을 정리하여 공부하고, 최근의 분쟁 사례에 어떻게 적용할 수 있는지도 파악해 봐야 한다.

조약법에 관한 빈 협약(VCLT), 유엔해양법협약(UNCLOS) 등 국제법의 기본이 되거나 비중이 높은 조약의 주요 조문을 숙지하는 것도 중요하다. 단순히 조문을 읽기보다는 조문이 탄생하게 된 배경과 판례, 한계 등을 함께 살펴보며 이해도를 높일 필요가 있다.

국제경제법은 최근 3년간 출제되지 않았지만, 그 근간인 GATT와 여러 부속 협약들의 조문도 원리와 사례를 중심으로 파악해 두는 게 좋다. 국제경제법이 여전히 출제 범위에 포함돼 있고 시험의 선별력을 갖추기 위해 예상치 못한 분야에서 출제되는 경향도 있기 때문이다. 가령 최근의 무역 분쟁을 GATT의 부속 협약 조문과 연계해 분석해 보는 것도 흥미로운 공부 방식이 될 것이다.

2018년도 외교관후보자 선발 제2시험

국제법 (3개 문항, 총 100점 배점)

제2문. A국과 B국은 2007년 A국의 X지역 개발에 관한 Y조약을 체결하였다. Y조약에 따르면, A국은 B국에 X지역의 희귀광물인 희토류를 매년 5만 톤씩 공급하기로 하였고, B국은 A국에 매년 전력 1백만 kw를 제공할 뿐만 아니라 X지역 선주민인 알바스족의 거주와 생존에 필수적인 식량 50만 톤과 응급의료용품을 인도적 차원에서 매년 제공하기로 하였다. Y조약은 발효 이후 정상적으로 이행되었다. 그러나 2010년 C국이 A국의 우발적인 국경 총격을 구실로 A국의 희토류 매장지를 공중 폭격하여 채굴이 불가능할 정도로 파괴하였다. 이후 2011년에 이르러 A국이 B국에 희토류를 공급하지 않았고, B국은 이에 대응하여 A국에 전력 외에도 식량 및 응급의료용품을 제공하지 않았다. 2001년 『국제위법행위에 대한 국가책임 초안』에 의거하여 다음 물음에 답하시오. (총 40점)

---

1) A국은 희토류 미공급에 대한 국가책임을 지는지를 검토하시오. (20점)

2) A국의 희토류 미공급에 대응하여 B국의 전력, 식량, 응급의료용품의 제공 거부가 허용되는지를 검토하시오. (20점)

제3차
시험 준비

외교관후보자 선발을 위한 제3차 시험은 면접시험으로, 제2차 필기시험(지역외교 및 외교전문 분야는 서류전형) 합격자를 대상으로 치른다. 최종 합격 여부를 좌우하는 가장 중요한 관문이니 철저히 대비해야 한다. 선입관을 배제하기 위해 면접위원에게 응시자의 필기시험 성적을 사전에 제공하지 않으므로 모든 응시자가 동일한 상황에서 면접을 치른다고 보면 된다. 일반적으로 제3차 시험은 제2차 시험을 치른 지 두 달쯤 뒤에 실시한다. 필기시험 성적에 일희일비(一喜一悲, 기쁜 일과 슬픈 일이 번갈아 일어나는 모습을 뜻함)하지 말고 남은 기간 최선을 다해 준비하자.

실전 면접시험 속으로

제3차 시험은 ▲'집단심화토의 면접(약 140분)'과 ▲'개인발표 및 개별면접(총 140분)'으로 진행한다. 면접위원 6명이 응시자의 ▲공무원으로서의 정신자세 ▲전문지식과 그 응용 능력 ▲의사 표현의 정확성과 논리성 ▲예의·품행 및 성실성 ▲창의력·의지력 및 발전 가능성 등 5개 항목(평정요소)에 대해 각각 상-중-하로 평가(평정)해 합격 여부를 가린다.

면접위원의 과반수(4명 이상)가 평정요소 5개 항목 모두를 "상"으로 평정한 경우에는 '우수' 등급을 받게 된다. '우수' 등급을 받은 응시자는 '합격'이다. 단, '우수' 등급자가 선발예정인원보다 많을 경우에는 제2차 시험성적 순서에 따라 합격자를 선발한다.

반면, 면접위원의 과반수가 평정요소 5개 항목 중 2개 항목 이상을 "하"로 평정하거나, 위원의 과반수가 어느 하나의 동일한 평정요소를 "하"로 평정한 경우에는 '미흡' 등급을 받게 된다. '미흡' 등급을 받은 응시자는 제2차 시험성적에 상관없이 '불합격'으로 처리된다.

'우수'와 '미흡' 등급 이외의 응시자는 '보통' 등급을 받게 된다. 이 경우 '우수' 등급자를 포함해 선발예정인원 이내에서 제2차 시험성적 순에 따라 합격자를 선발한다. 이러한 합격자 결정 기준은 법(공무원임용시험령 제5조 제③항, 제23조의3 제③, ⑤항)으로 정한 것이다. 아무리 제2차 필기시험 성적이 높아도 면접에서 낮은 평가를 받게 되면 불합격의 고배를 마실 수밖에 없다. 반면에 필기시험 성적이 상대적으로 낮더라도 면접에서 높은 평가를 받으면 합격의 기쁨을 맛볼 수도 있다. 결국 면접시험 결과가 합격의 향배를 결정하는 것이다.

지역외교 분야 및 외교전문 분야 응시자는 제3차 시험에서 일반외교 분야 응시자와 동일하게 '집단심화토의 면접'과 '개인발표 및 개별면접'을 치르게 된다. 또한 여기에 더해 응시자가 지원한 지역 또는 분야의 전문지식을 평가받게 된다. '전문지식 평가' 때에는 국제정치학, 국제법 및 경제학을 포함해 지원 지역 또는 지원 분야 관련 지식을 평가받으며 전문지식만을 별도 날짜를 정해 평가받을 수도 있다.

달라진 면접, 변화의 의미를 파악하자

제3차 면접시험은 2017년부터 면접 일정과 시간 배분, 발표 방법이 매해 조금씩 바뀌고 있다. 사소한 부분으로 여길 수도 있지만 모든 변화에는 이유가 있는 법이니 바뀌게 된 배경을 한 번쯤 생각해 볼 필요가 있다.

2016년까지는 이틀에 걸쳐 면접시험을 치렀지만 2017년부터는 하루에 집단심화토의 면접과 개인발표 및 개별면접을 함께 실시한다. 응시자에게는 체력과 함께 집중력이 더욱 필요해진 셈이다. 또한 집단심화토의 면접에서 면접위원 질의응답은 2017년까지 영어와 한국어로 진행됐지만 2018년에는 영어로만 치르는 것으로 바뀌었다. 이는 면접시험에서 어학 능력에 대한 검증이 더욱 강화된 것으로 볼 수 있다. 영어 인터뷰 연습에 좀 더 공을 들여야 하는 이유다.

개인발표 및 개별면접에서도 변화가 있었다. 2018년에는 직무역량면접과 공직가치면접에서 과제 검토 및 작성(개인발표문 / 개별면접 과제) 시간은 이전보다 10분 줄어든 30분으로, 개인발표 및 개별면접 시간은 10분 늘어난 40분으로 각각 조정됐다. 응시자에게는 과제를 읽고 쓸 시간이 줄어들고, 면접위원에게는 응시자를 관찰할 시간이 더 늘어난 것이다. 빠른 시간 안에 주어진 과제의 의도를 파악해 핵심을 논리적으로 풀어내는 연습, 면접위원이 던질 수 있는 의외의 질문에 대처

하는 훈련이 필요하다고 볼 수 있다. 따라서 시간을 체크하며 면접을 준비하는 것이 좋다.

Q & A

면접에서
대체 무엇을 평가하나요?

면접시험을 잘 치르려면 무엇보다도 '왜, 무엇을 평가하는지'를 응시자가 잘 파악하고 있어야 한다. 면접에 대한 이해도가 부족하면 적절한 준비와 대처도 어렵기 때문이다. 외교관후보자 선발시험에서 면접시험은 응시자가 장차 외교관으로서 역량을 잘 발휘할 수 있을지 살펴보는 자리다.

이를 위해서 실제 외교업무와 유사한 주제들을 '집단심화토의', '개인발표' 과제로 제시해 응시생의 역량을 평가한다. 앞부분에서 소개한 5개의 평정요소가 바로 역량 평가를 위한 항목들이다. 피겨 스케이팅에서 '기술' 항목과 '예술' 항목으로 나눠 선수의 연기를 평가하듯, 응시자의 역량을 5개 항목에 걸쳐 평가하는 것이다. 여기서는 먼저 각 항목의 평정요소에 대해 좀 더 구체적으로 알아보기로 하자.

* 괄호( ) 안에는 각 평정요소와 매치되는 외교역량 평가요소를 담았다. 또한 이와 함께 어떤 방식의 면접에서 해당 평정요소가 주로 평가되는지도 제시했다.

① **공무원으로서의 정신자세**(국익과 공익에 대한 봉사와 헌신 / 윤리, 준법의식)

- '개별면접'을 통해 평가한다.

- 응시자가 외교관으로서 국익을 위한 봉사와 희생을 긍정적이고 당연하게 여기고 있는지 평가한다.

- 국민의 봉사자로서 공익에 입각해 법률과 규칙에 따라 공정하고 공평하게 의사를 결정하고 행동할 역량을 가지고 있는지 평가한다.

② **전문지식과 그 활용 능력**(위기상황관리 및 문제해결)

- '개인발표'에서 주로 평가하며, '집단심화토의'에서 일부 평가한다.

- 응시자가 위기상황 관리 능력 및 문제해결 능력을 갖추고 있는지 평가한다.

- 세부적으로는 업무와 관련해 필요한 정보가 무엇인지 파악하고 이렇게 수집된 정보를 활용해 위기상황 발생 가능성을 사전에 인지하여 예방하는 역량을 가지고 있는지 평가한다.

③ **의사발표의 정확성과 논리성**(외교교섭 / 협의·조정 능력)

- '집단심화토의'에서 주로 평가한다.

- 외교 교섭 및 협의·조정 능력을 갖추고 있는지 평가한다.

- 타당성 있는 논리적 근거에 기반하여 구체적인 의견과 방안을 제시함으로써 최선의 교섭 결과를 창출하는 능력이 있는지 평가한다.

- 다양한 이해관계가 관련된 사안에 대해 당사자 간 이견을 조율하고 협력을 이끌어

Q&A

넘으로써 공정하고 균형 있는 해결책을 제시하는 능력을 갖추고 있는지 평가한다.

④ 예의, 품행 및 성실성(다문화 이해 / 관계 구축 및 활용)

- '집단심화토의'에서 주로 평가하며, '개별면접'에서 일부 평가한다.

- 국제사회의 일원으로서 다양한 가치관, 문화, 제도 등에 대한 이해력과 포용력을 지
님으로써 상대방과의 관계를 원활히 하는 능력을 갖추고 있는지 평가한다.

- 이를 바탕으로 본인이 선정한 목표를 끝까지 수행함으로써 결과를 창출할 능력을
갖추고 있는지 평가한다.

⑤ 창의력·의지력 및 발전 가능성(전략적 사고 / 비전(목표) 제시 / 리더십)

- '개인발표'에서 주로 평가한다.

- 전략적 사고와 비전(목표) 제시 능력, 리더십을 갖추고 있는지 평가한다.

- 세부적으로는 업무수행에 앞서 전략과 목표를 고려하여 우선순위를 명확히 하고
구체적·현실적인 계획을 수립해 보다 효과적·효율적으로 업무를 수행할 능력을 갖
추고 있는지 평가한다.

- 장기적·통합적 관점에서 목표를 설정하고 그 대안과 우선순위를 명확히 구성하며,
적극적으로 솔선수범할 능력을 갖추고 있는지 평가한다.

면접 유형별 주요 평정요소 항목

제3차 시험에서는 집단심화토의 면접, 개인발표 및 개별면접 등 두 가지 유형의 면접

이 실시되며, 각 유형에 따라 주안점을 두고 평가하는 평정요소 항목도 다르다. 집단심화토의 면접에서는 '의사표현의 정확성과 논리성'과 '예의, 품행 및 성실성'을 주로 평가하며, 보조적으로 전문지식과 그 활용 능력을 평가한다. 또한 개인발표에서는 '전문지식과 그 활용 능력', '창의력·의지력 및 발전 가능성'을 주로 평가한다. 아울러 개별면접에서는 '공무원으로서의 정신자세'를 주로 평가하고, '보조적으로 예의, 품행 및 성실성'을 평가하게 된다.

Q&A

집단심화토의 면접은 어떻게 진행되나요?

집단심화토의 면접은 ▲토의과제 검토-작성(40분) ▲집단심화토의(100분) 순으로 총 140분간에 걸쳐 실시된다. 또한 집단심화토의에서는 ▲각 조(4~6명)별로 1명씩 모두 발언(영어, 3분 이내) ▲집단토의(한국어, 40분) ▲면접위원 질의응답(영어 40분)이 차례로 진행된다.

집단심화토의 면접은 4~6명의 응시자가 한 조를 이루어 주어진 과제에 대해 토의하는 모습을 면접위원이 살펴보고 토의 후에 질의응답을 통해서 개별적으로 평가하는 면접방식이다. 토의에 앞서 과제가 제시되며, 응시자들은 이 과제를 검토해 자신의 의견을 정리하고, 조 구성원들과 협의해 공통의 해결안 혹은 결론을 제시해야 한다.

심화토의 때 제시되는 과제는 어떤 문제를 해결하는 방안일 수도 있고 어떤 문제에 대한 찬반 토론일 수도 있다. 예를 들어 한·일 간에 갈등이 빚어지고 있는 일본군 위안부 문제의 해법이나 한·중 간 논란이 되고 있는 사드 배치에 대한 찬반 토의가 과제로 제시될 수도 있을 것이다. 면접위원은 주어진 과제에 대해 응시자가 자신의 의견을 논리적으로 전개하는지, 토의 참여자로서 어떤 자세를 보이는지, 문제를 해결해 나가는 능력이 있는지 등을 평가한다.

과연 응시자가 집단심화토의 면접을 성공적으로 치를 수 있는 방법은 무엇일까? 그 팁을 '6계명'으로 정리해 봤다.

집단심화토의 면접을 위한 '6계명'

① 핵심을 짚어 간략하게 말하기

의견을 말할 때는 먼저 핵심을 간략하게 언급한 다음 구체적인 설명을 덧붙이는 방법이 좋다. 무엇보다 유의해야 할 점은 논점에서 벗어나지 말아야 한다는 것이다. 또한 발언은 장황하거나 길게 이어 가지 않도록 주의해야 한다. 핵심이 흐려질 뿐만 아니라 비논리적인 사람으로 평가받을 수 있기 때문이다. 설사 과제 해결을 위해 좋은 의견을 말한다 해도 혼자서 너무 시간을 지체하면 감점 요인이다. 면접위원의 눈에는 자기중심적으로 비치기 쉽다.

② 경청하고 배려하기

집단토의에서는 자신의 발언 내용만 평가대상이 되는 것이 아니다. 다른 토의자의 의견을 듣는 자세, 남에 대한 배려와 존중, 함께 이루어 내려는 협력의식 등도 중요한 평가 요소가 된다. 다른 토의자들의 의견을 경청하고 상대방의 의견을 존중하는 태도는 평가위원에게도 호감을 줄 수 있다. 배려와 겸손함은 공동체 속에서 팀워크를 이루는 데 도움이 될 뿐만 아니라 자기와 다른 문화적 배경을 가진 사람들과 더불어 일을 하는 외교관에게 꼭 필요한 덕목이기 때문이다. 그렇다고 자신의 의견을 표시하지 않으면 점수를 받을 수 없으니 이 점에 유의하자.

③ 합리적 대안을 제시하기

집단 토의의 목적은 말로써 상대방을 제압하는 데 있지 않다. 토의란 주어진 과제에 대해 가장 적절한 해답을 찾아가는 과정이다. 당연히 논리적이고 합리적인 대안을 제시하는 응시자에게 눈길이 갈 수밖에 없다. 특히 그 대안이 새롭고 참신한 것이라면 더 높은 평가를 받을 수 있다. 만약 의견을 자주 내며 토의를 주도한다고 해서 좋은 평가를 받을 것이라 생각한다면 그것은 '착각'이다. 관건은 의견의 횟수가 아니라 의견의 질이다.

④ 모두 발언과 질의·응답은 영어로, 토론은 우리말로 말하기

집단 심화토의 면접은 먼저 40분 동안 주어진 과제를 검토하여 내용을 작성하는 시간이 주어진다. 이후 면접실에 가서 1시간 40분 동안 집단 토의를 하게 된다. 먼저 응시자는 1인당 3분 이내로 영어로 모두 발언을 한다. 이후 팀을 나누어 40분간 우리말

로 토의를 하게 되는데, 각 팀은 같은 주제에 대해 서로 다른 입장에서 해석한 제시문을 받는다. 토의를 할 때 주의할 점은 자기의 주장이나 의견만 개진해서는 안 되고 상대방의 의견을 경청하면서 타협점을 모색해 나가야 한다는 것이다. 토의가 끝나면 면접위원과 질의·응답을 하게 되는데, 이때 영어로 답해야 한다.

⑤ 외교 현안을 공부하기

집단 토의에서는 시사성 있는 외교 현안이나 국제적 이슈에 대한 과제가 주제로 제시될 가능성이 크다. 물론 기본 자료가 함께 제공되지만 내용이 제한적일 수밖에 없다. 토의 과제가 평소 인지하고 있는 사안이냐 아니냐에 따라 응시자의 토의 및 발표 내용은 큰 차이가 날 수밖에 없다. 따라서 우리나라의 외교 현안이나 국제 이슈에 대해 지속적으로 관심을 갖고 관련 지식과 정보를 파악해 둘 필요가 있다. 특히 현안에 대해 논조가 서로 다른 신문들의 사설을 비교해 검토해 보는 것도 자신의 의견을 논리적으로 정리하는 데 도움이 된다.

⑥ 토의와 발표를 연습하기

집단 토의는 혼자서 준비하는 데 한계가 있을 수밖에 없다. 소규모 스터디그룹을 구성해 꾸준히 토론 연습을 하며 현장감을 익혀야 한다. 토의는 한국어로 하지만 모두 발언과 질의·응답은 영어로 해야 한다는 점도 유의해야 한다. 영자 신문의 사설과 해외 방송 매체의 뉴스를 틈나는 대로 봐 두는 것을 추천한다. 국내외 TV 토론 프로그램을 보며 자신의 역할을 정해 이미지 트레이닝을 하는 것도 한 가지 방법이다.

Q&A

개인발표 및 개별면접은
어떻게 진행되나요?

'직무역량 면접'과 '공직가치·인성 면접'

개인발표 및 개별면접은 '직무역량 면접'과 '공직가치·인성 면접', 두 가지로 구분해 개인별로 실시된다.

① 직무역량 면접

외교관후보자로서 업무 수행에 필요한 능력과 적격성을 평가하기 위한 것이다. 5개의 평정요소 중에서 '전문지식과 그 활용 능력' 그리고 '창의력·의지력 및 발전 가능성'을 주로 평가한다. 직무역량 면접은 ▲과제 검토-작성(30분) ▲개인발표 및 개별면접(40분) 순으로 진행된다. 응시자는 먼저 주어진 과제를 분석해 '개인발표문'과 '개별면접 과제'를 작성하게 된다. 이후 '개인발표문'을 발표한 뒤 면접위원들의 질의에 응답하고 '개별면접 과제'로 작성한 내용을 토대로 전문지식 등을 평가받게 된다.

② 공직가치·인성 면접

외교관후보자로서 지녀야 할 공직 가치관 및 도덕성과 품성을 평가하기 위한 것이다. 주로 '공무원으로서의 정신자세'를, 보조적으로는 '예의, 품행 및 성실성'을 평가받게 된다. '공직가치·인성 면접'은 ▲과제검토-작성(30분) ▲개별면접(40분) 순으로 진행된다. 이때에도 응시자는 제시된 과제를 분석해 '개별면접 과제'를 작성한 후 그 내용을 토대로 개별면접을 하게 된다.

가장 훌륭한 면접의 기술이란?

집단심화토의 면접 때와는 달리, 개별면접에서 응시자는 아마도 차가운 벌판에 홀로 서 있는 듯한 느낌을 받게 될 것이다. 아래 내용은 응시자들이 면접시험에서 흔들림 없이 역량을 발휘할 수 있도록 '면접에서 좋은 평가를 받는 방법', 즉 '면접의 기술'을 간추려 정리한 것이다. 그러나 결코 잊지 말라. 면접은 역량을 평가받는 자리이기도 하지만 면접위원과 응시자가 소통하는 자리이기도 하다는 것을. 그리고 간절함과 진솔함이야말로 가장 훌륭한 '면접의 기술'이라는 것을.

솔직하게 대답하자

공직가치·인성 면접에서 면접위원들은 응시자들이 쓴 과제 내용을 토대로 품성을 파악한다. 다양한 질문을 던져 응시자가 쓴 과제 내용이 사실인지도 확인한다. 그 대표적인 방법이 상황(Situation)-임무(Task)-행동(Action)-결과(Result)를 단계적으로 묻는 'STAR 기법'이다.

면접위원들은 '그래서 어떻게 됐습니까', '그 상황에 무엇을 느꼈습니까', '그래서 어떻게 해결했습니까', '그로 인해 어떤 영향을 받았습니까'와 같은 질문을 순차적으로 던진다. 부드럽게 대화를 이끌어 가면서도 집요하게 파고드는 면접위원들의 질문에 응답하다 보면 자기도 모르게 '실수'가 나오기도 한다. 이때 과제물에 쓴 내용과 다른 이야기를 하면 거짓을 기술한 것으로 여겨지기 쉽다. 인성 평가에서 치명적인 결함을 노출시키는 것과 마찬가지다. 외교관에게 요구되는 중요한 품성 중 하나가 바로 정직성이기 때문이다.

그렇다면 어떻게 해야 할까? 먼저 개별면접 과제를 사실에 입각해 솔직하게 작성하고, 면접위원의 질문에도 진술하게 대답하는 것이 가장 중요하다. 그래야 어떤 질문을 받더라도 거짓말을 하게 되는 잘못을 범하지 않을 것이다. 인성 평가에서 '미흡' 판정을 받는 사람은 실패를 경험한 사람이 아니라 실패를 말로 덮으려는 사람이다.

유효 포인트를 올리자

면접에서 좋은 평가를 받으려면 '유효 발언'을 해야 한다. 축구경기에서 슛을 아무리 많이 날려도 골문에 들어가지 않으면 아무 소용없는 것과 같은 이치이다. 면접에서 아무리 말을 많이 해도 평가요소를 충족시키는 대답을 하지 못하면 좋은 평정을 받을 수 없다.

면접위원은 다섯 가지 평정요소를 염두에 두고 면접을 한다. 집단심화토의 면접에서는 ▲의사표현의 정확성과 논리성 ▲예의·품행 및 성실성에 대해 주로 평가한다. 직무역량 면접에서는 ▲전문지식과 그 활용능력 ▲창의력·의지력 및 발전 가능성에 대해 평가를 한다. 공직가치·인성 면접에서는 ▲'공무원으로서의 정신자세'에 대해 평가한다. 이러한 평가요소들을 염두에 두고 자신의 신념과 경험 속에서 우러나는 적절한 답변을 찾아야 한다. 면접위원은 기대한 답변이 나오지 않으면 좋은 점수를 주지 않는다.

진정성으로 무장하자

개별면접에서 평가를 잘 받으려면 무엇보다도 면접위원의 마음을 움직여야 한다. 특히 공직가치·인성 면접에서는 더욱 그렇다. '진정성'이 없으면 면접위원은 마음을 열지 않는다. 자신이 왜 외교관이 되려 하는지, 앞으로 외교관으로서 무엇을 이루려 하는지, 뜨거운 포부와 비전을 가슴에 새기고 면접장에 가야 한다. 면접에서 평가는 다분히 주관적이라는 사실을 잊지 말자. 외교관의 꿈을 이루고 싶은 간절한 마음을 말 한마디, 눈빛과 표정으로 느끼게 해야 한다.

질문의 의도를 파악하자

면접위원이 질문하는 의도를 잘 파악해 답하는 것도 매우 중요하다. 면접은 입으로 치르는 주관식 시험이다. 출제자의 의도를 잘 파악하고 '답을 써야' 한다. 어떤 질문이든지 의미 없는 질문은 없다. 일반적인 질문처럼 여겨지더라도 그 안에 의도가 숨겨져 있다고 생각해야 한다.

사실 긴장한 상황에서 질문의 의도를 파악하는 것은 쉬운 일이 아니다. 내가 유네스코한국위원회에서 신입직원 공채 지원자들을 면접하던 때의 일이다. 객관적으로 자질이 매우 우수한 한 지원자에게 "앞으로 아프리카와 관련한 일을 한다면 무엇에 관심을 두고 일하겠느냐"라고 물었다. 그는 "아프리카인들의 인권에 관심이 많다"라고 답했다. 유네스코한국위원회가 가난하고 소외된 아프리카 사람들이 교육을 받을 수 있도록 지원하는 일을 하고 있는데, 그가 말하는 인권은 다른 측면이 강한 것 같았다. 몇 차례 더 유사한 질문을 해 보았지만 그는 계속 인권 이야기를 거듭 강조했다. 그는 내 질문의 의도를 파악하지 못했고 결국 채용되지 못했다. '질문에 답하기도 급한데 어떻게 의도까지 파악하느냐'고 물을 수도 있을 것이다. 그러나 의도를 파악해야 합당한 답을 내놓을 수 있다. 상대의 의도를 읽을 수 있는 가장 현명한 방법은 '역지사지'다. 만약 면접에서 비슷한 질문이 반복된다면 그 의도를 한 번쯤 곱씹어 봐야 한다.

결론부터 먼저 답하자

면접위원의 질문을 받으면, 먼저 결론부터 짧게 답한 다음에 답변의 근거나 보충 설명을 하기 바란다. 일반적으로 잘 알려진 '면접의 기술'인데도 막상 면접을 해 보면 상당수 응시자들이 제대로 답하지 못하는 모습을 보이곤 한다. 가령 "최근 세계경제 상황이 어떻다고 생각합니까?"라는 질문을 받았다고 하자. 이에 대해 유럽 국가들은 어떻고 아시아는 어떻고 하는 식으로 장황하게 설명한다면, 아마도 면접위원들은 답답해할 것이다. 이런 경우엔 "세계경제 상황이 매우 어렵다고 생각합니다"라고 결론을 먼저 말한 다음 수치나 통계로 부연설명을 하는 것이 적절한 답변 방법이다. 면접위원들은 자신을 기다리게 하는 응시자에게 결코 우호적이지 않다.

자신 있게 말하자

면접에서 질의에 답하거나 의견을 밝힐 때에는 스스로를 믿고 자신에 찬 목소리로 말해야 한다. 겸손한 태도를 보이는 것은 좋지만 정도가 너무 지나치면 자신감이 없거나 소극적인 사람으로 비치기 쉽다. 외교관은 대화로 설득하고 문제를 풀어내는 직업인데 소극적인 태도로는 상대방에게 신뢰감을 주기 어렵다. 그런 점에서 수동적인 태도는 커다란 감점요인이다. 설령 자신이 모르는 부분에 대해 질문을 받더라도 어눌하거나 기어들어 가는 목소리로 답하는 것은 금물이다. 오히려 "잘 모르겠습니다. 다음에는 꼭 답을 찾겠습니다"라고 분명하게 대답하는 것이 낫다.

말하기 능력은 훈련을 통해 얼마든지 향상시킬 수 있다. 방송 뉴스의 기사를 매일 소리 내어 읽는 것도 좋은 방법이다. 자신이 읽는 소리를 녹음해 들어 보면서 읽기 훈련을 계속하면 큰 효과를 볼 수 있다. 잘못된 말 습관을 하나씩 고쳐 나가면 말에 대한 자신감도 자연스레 붙게 될 것이다.

긍정 에너지를 품자

좋은 자질과 역량을 갖고 있음에도 면접에서 고배를 마시는 사람들이 종종 있다. 그간의 경험으로 봤을 때, 그런 이들의 공통점 중 하나는 바로 인상이 어둡거나 평소 찡그린 표정의 소유자라는 것이다. 외교관은 다양한 문화와 인종적 배경을 가진 수많은 계층을 상대해야 하는 사람이다. 때로는 자신과 대한민국에 호의적이지 않거나 심지어 적대적인 마음을 가진 사람과도 머리를 맞대야 한다. 어떤 상황에서도 온화한 표정과 평정심을 흐트러뜨리지 않는 것은 외교관에게 훌륭한 화법 못지않게 중요한 능력이다.

사람에 대한 첫인상은 불과 1분도 안 되는 짧은 시간에 결정된다고 한다. 면접장에 들어와 "안녕하십니까. ○○○입니다"라고 인사하고 면접위원과 몇 마디 나누는 사이에 그 응시자에 대한 첫인상이 각인되는 셈이다. 면접위원이 어떤 첫인상을 주는 응시자에게 호감을 느끼게 될지는 뻔하다. 바로 밝고 온화하고 자연스러운 인상을 주는 응시자일 것이다. 물론 첫인상이 다소 안 좋더라도 응시자의 다른 장점으로 인식을 바꿀 수도 있다. 하지만 그런 장점을 지닌 응시자가 첫인상까지 좋다면 더할 나위 없을 것이다. 다행스럽게도 사람의 표정은 마음가짐에 따라 조금씩 바뀌게 된다. 긍정적인 마음은 표정을 밝게 만들고, 밝은 표정은 다른 이에게 호감을 준다. 비단 면접을 위해서만이 아니라 일상의 삶을 위해서도 자신의 마음을 긍정적으로 바꿔 나갈 필요가 있다. 아마도 긍정 에너지가 면접의 결과도, 응시자의 미래도 어느새 밝게 바꾸어 놓을 것이다.

격식에 너무 얽매이지 말자

면접 때 응시생들이 많이 신경 쓰는 부분 중 하나는 바로 스타일이다. 옷은 무엇을 입을 것이며, 머리 모양은 어떻게 해야 할지, 구두와 양말은 옷과 색깔을 맞춰야 하는지 고민 아닌 고민에 빠진다. 옷차림과 헤어스타일은 사람의 인상을 좌우하는 요소 중 하나라는 점에서 면접을 준비할 때 중요한 점검 포인트가 된다. 하지만 응시생의 복장과 헤어스타일에 대한 모범답안은 없다. 지나치게 화려하거나 너무 튀는 옷차림은 피해야 하지만, 한편으로 다른 사람들과 너무 비슷하고 개성이 없는 복장도 유니폼처럼 느껴져 결코 반갑지 않다.

외교관후보자 선발시험 면접 공고 때 빠지지 않는 문구가 있다. "면접복장은 격식을 차린 옷차림보다는 본인의 역량을 편하게 발휘할 수 있는 '평상복 옷차림'을 권장"한다는 내용이다. 그런데 막상 면접장에 가보면 응시자들의 복장과 헤어스타일이 약속이라도 한 듯 똑같다. 남성지원자들은 검은색 양복에 감색 넥타이, 여성 지원자는 감색 또는 검은색 스커트에 흰색 블라우스와 쪽머리 차림이다. 아마도 학원이나 주변에서 최대한 튀지 않는 복장을 조언해 주는 모양이다. 모두 똑같은 모습이라 면접위원들이 처음엔 당황하기도 한다. 물론 이해가 된다. 누군가는 탈락하는 경쟁의 자리이다 보니 옷차림에서도 '중간만 가자'는 전략을 택한 셈이다. 남들과 똑같이 해서 최소한 불이익은 피하려는 심정에 '딴지'를 걸 생각은 없다. 다만, 외교관을 지망하는 젊은이들이 너무 천편일률(千篇一律, 모든 사물이 다른 점이 없이 똑같음을 이름)적인 듯해 쓴웃음을 짓게 된다.

'평상복 옷차림'을 권하는 면접 공고를 믿지 못해서인지, 아니면 뿌리박힌 사회적 통념 때문인지 모르겠지만 외교관후보자 선발 면접장에서 '검은 정장'의 시대는 앞으로도 오래갈 듯하다. 개인적인 의견이지만, 실용적이고 단정한 옷차림이라면 굳이 정장 차림을 고집할 필요가 없을 것 같다. 획일화된 응시생들 속에서 '평상복 차림이 오히려 차별화된 인상을 주지 않을까?' 하는 생각도 든다. 격식은 중요한 요소지만 격식의 틀 안에 자신을 가두는 것은 경계해야 할 일이다.

TIP★

'마지막 관문'
국립외교원 정규과정 알아보기

외교관후보자 선발시험에서 제3차 시험(면접전형)을 통과하면, 이제 외교관으로 임용되기 위한 최종 관문만이 남게 된다. 바로 국립외교원에 입교해 약 1년간의 정규과정을 밟는 일이다.

몇 해 전만 해도 국립외교원 정규과정은 외교관후보자들에게 피 말리는 경쟁의 장이었다. 채용 예정인원보다 많은 수의 후보자를 선발시험으로 뽑은 뒤, 국립외교원 정규과정의 종합교육 성적에 따라 상대평가 방식으로 일정 인원을 반드시 탈락시켜야 했기 때문이다. 하지만 2017년 12월 30일 외무공무원법의 일부 개정에 따라 이러한 '강제탈락'은 사라졌다. 채용 예정인원대로 후보자를 최종 선발하는 데다 정규과정의 성적평가도 절대평가 방식으로 바뀌었기 때문이다. 이제는 정규과정의 종합교육 성적에서 5점 만점 중 3.25점 이상을 취득하면 수료 후 5등급 외무공무원으로 임용될 수 있다.

하지만 이전보다 정규과정의 교육 강도가 떨어지거나 평가의 잣대가 낮아진 것은 아니기 때문에 국립외교원 입교 이후에 더욱 철저한 자기관리가 필요하다. 상대평가 방식이 다른 후보자(교육생)와의 경쟁이라면, 절대평가 방식은 다름 아닌 자신과의 싸움이다. 일정 수준 이상의 성적을 계속 유지하려면 고시생 생활을 1년간 더 한다는 각오로 공부해야 한다.

외교관후보자 정규과정의 수준은 미국 아이비리그 대학원 수준과 큰 차이가 없는 것으로 평가된다. 해외에서 이 정도 수준의 교육을 받으려면 학비로만 20만 달러 정도가 들 것이라고 한다. 최고의 강사진이 최고의 시설에서 교육을 한다. 최고의 외교관이 되기 위해 밑바탕을 다지는 소중한 기회라고 생각하고 '감사하며 공부를 즐기는' 자세가 필요할 듯하다.

47주간의 정규과정

① 정규과정의 목표 3가지

- 대한민국 외교를 이끌어 갈 우수한 인재 양성
- 법적 사고를 갖춘 전략적 협상가 양성
- 공감하고 소통하는 외교관 양성

② 정규과정 교육 4대 구성 요소

- 공직소명의식
- 전문지식
- 외교역량
- 외국어

③ 학기 과정과 학기 외 과정

　정규과정 교육생은 학기 과정 32주(3학기제, 학기별 10~12주)와 학기 외 과정 15주 등 총 47주간에 걸쳐 수준 높은 역량 교육을 받게 된다. 학기 외 과정에서는 국내현장학습(1주), 영어집중과정(5주), 재외공관 현장실습(1주), 국가공무원인재개발원 합동교육(3주), 본부업무실습(1주) 등을 거치게 된다.

정규과정 타임 테이블

순서	소요시간
국립외교원 입교	1주
1학기	12주
국내 현장학습	1주
영어집중과정	5주
재외공관 현장실	1주
국가공무원인재개발원 합동교육	3주
2학기	10주
본부 업무실습	1주
자율학습	1주
3학기	10주
수료	

A: 정규과정 학기 수업은 주중 오전 9시부터 오후 6시까지 진행된다. 대학교나 대학원 수업과 비슷하지만 강도가 높은 편이다. 교육은 실제 사례를 중심으로 케이스 스터디, 토론, 발표, 시뮬레이션 등 다양한 기법을 활용해 이뤄진다. 전직 대사가 출강해 문서작성법을 가르칠 정도로 교수 및 강사진도 수준 높다. 매 학기별 중간고사와 기말고사, 두 차례 시험을 본다. 세 학기 동안 모두 6차례 시험을 치러야 한다. 영어집중과정에서는 매주 모듈이 끝날 때마다 시험을 보기도 한다. 흔히 외교관을 '끊임없이 공부해야 하는 직업'이라고 하는데, 이는 정규과정 교육생들에게도 해당된다.

Q: 영어집중과정은 어떻게 진행되나요?

A: 요즘 외교관후보자들은 다들 영어를 매우 잘한다. 국립외교원에서는 단순히 영어를 잘하도록 가르치는 것이 아니라 외교관으로서 꼭 필요한 영어를 가르친다. 다양한 상황에서 외교관들이 쓰는 특별한 용어를 교육한다. 가령 협상할 때, 상대를 설득할 때, 어떤 용어를 쓰는지를 가르치는 식이다. 외국에서 살다 와서 생활영어를 현지인처럼 하는 사람이 점수가 잘 나오는 체제는 아니다. 실제로 외교영어를 배워서 써먹을 수 있는 능력을 평가하는 것이다. 총 5주간 집중적으로 교육시킨다. 전화영어부터 협상, 토론, 연설, 국제회의 시뮬레이션, 브리핑에 이르기까지는 외교관들이 부딪히는 다양한 상황에 맞는 영어를 가르친다. 네 명의 영어 전담 강사가 2년간

심혈을 기울여 개발한 영어 프로그램들을 활용한다. 외교영어와 연설문 작성 등에 대해서는 옥스퍼드 대학 등에서 해외 유명 강사들을 초빙하기도 한다. 이들과 국립 외교원 강사들이 공동으로 과정을 진행한다.

Q: 교육 시설이나 환경은 어떤 편인가요?

A: 첨단시설을 갖춘 다양한 강의실이 마련되어 있다. 일례로 1강의실에서는 화상으로 미국 대사관 직원들과 회의를 할 수도 있다. 학생들 자리에 인터넷 시설과 마이크 설비가 되어 있는데 마이크를 사용하면 녹화카메라가 자동으로 비춰 준다. 국제회의 시뮬레이션 룸도 있다. 특히 3층 도서관 시설이 아주 좋다. 외교 분야의 다양한 서적이 있어서 많은 교육생들이 도서관을 이용한다. 여가를 활용하고 스트레스를 풀 수 있는 여러 시설도 마련돼 있다. 테니스장, 농구장, 축구장, 탁구장, 헬스장 등이 있는데 교육생들은 단시간에 스트레스를 풀고 운동효과도 볼 수 있는 탁구장과 헬스장을 애용하는 편이다.

" 내게 최상위 1%인 그대에게 "

　사람이 살아가면서 일평생 인연을 맺을 수 있는 이가 과연 몇 명이나 될까? 100년을 산다 해도 우리에게 주어진 시간은 87만 6,000시간, 분으로 따져도 5,256만 분에 불과하다. 1분마다 한 사람씩 쉬지 않고 만난다 해도 75억 세계 인구의 채 1%(정확하게는 0.7%)도 만날 수 없는 시간이다.

　이처럼 세계와 시간의 잣대를 떠올리면 지금 곁에 있는 사람들이, 그리고 같은 땅을 밟고 같은 꿈을 꾸고 있는 이들이 얼마나 소중한 존재인지 알 수 있다. 지금 서로 인연을 맺고 있는 이들은 서로에게 일생 동안 만날까 말까 한 최상위 1%의 존재이기 때문이다.

　오늘 그대와 나는 '독자와 저자'라는 특별한 인연을 맺었다. 내가 걸어왔던 외교관의 길을 그대가 꿈꾸고 있기에 우리의 인연은 더욱 각별하다. 나에게 그대가 최상위 1%의 존재인 이유이기도 하다.

　인생 선배로서 그대에게 꼭 들려주고픈 말이 있다. 늘 꿈꾸고 새로운 도전을 멈추지 말라는 이야기이다. 파도가 없는 바다는 세상에 없다. 아마도 외교관에 도전하는 길이 힘겹고 어려울 수도 있을 것이다. 인생이라는 저울에서 현실의 무게는 때로 꿈보다 훨씬 무거울 수도 있다. 하지만 그럴 때마다 그대는 누군가에게 최상위 1%의 특별한 존재라는 사실을 잊지 말고, 자신을, 그리고 스스로의 꿈을 소중히 여기기 바란다. 나 또한 책 속에서, 그리고 책 밖에서도 그대의 꿈을 응원할 것이다.

간절한 꿈이 이루어지는 훗날, 그대도 그대의 또 다른 상위 1%들에게 외교관의 꿈을 나눠주는 사람이 되어 준다면, 그것이. 글을 쓴 가장 큰 보람이 될 것이다. 좋은 외교관이, 그리고 그대들이 품고 있는 선한 꿈이 적어도 오늘보다 더 나은 내일을 만들어갈 테니까. 나에게 최상위 1%의 존재가 되어준 그대에게 감사의 인사를 전한다. 이 책을 통해 나 또한 그대에게 오래도록 최상위 1%로 기억되기를 바라는 마음이다.

난 널 믿어♥

You
can
do it♥

넌, 할 수 있어